오늘도 이상한 사람 때문에 힘들었습니다

오늘도 이상한 사람 때문에 힘들었습니다

정희정 지음

나를 괴롭히는 성격장애자에 대한 슬기로운 대처법

꿈의지도

사랑하는 부모님께 이 책을 바칩니다.

프롤로그

이 책이 눈에 들어왔다면, 당신은 지금 사람 때문에 많이 힘든 상태임이 틀림없다. 당신을 힘들게 하는 그 사람은 지금까지 한 번도 경험해 보지 못한 종류의 사람일 것이며, 그 힘듦의 정도가 당신의 인내심을 넘어서고 있을 것이다. 대인관계 관련 책이나 강연을 보면 사람이 다 다르다는 것을 받아들이라고 충고한다. 즉 그가 불편한 이유는 그가 '틀려서'가 아니라 나와 '달라서'라고 말한다. 다름에서 오는 불편함을 비난이 아닌 다름으로 인정해야 한다고 타이른다. 그러나 문제는 그 불편함의 정도가 도를 넘어선다는 것이다. 그 사람과 내가 입장이 다르고, 경험이 다르고, 문화가 다르고, 직급이 달라서라고 이해하기에는 그 정도가 심하다는 생각이 들 때. 그럴 때는 어떻게 해야 할까?

혹시 그 사람이 명확한 증거가 없음에도 끊임없이 당신의 의도를 나쁘게 의심하는가? 혹은 자기만의 방식을 강하게 고수하고, 그것을 주변 사람들에게 강요하는가? 혹은 자신의 이익을 위해서라면 상대방의 입장은 전혀 고려하지 않는가? 혹은 오만방자하고 독선적이며 오로지 자신에게만 관심이 있는가? 혹은 감정기복이 심해 수시로 예민함과 짜증을 보이며, 분노조절에 문제가 있는가? 혹은 항상 주인공이길 바라며, 관심을 끌기 위해 거짓말도 불사하는가? 바로 이런 사람이 당신 옆에 있다면 그 사람은 성격장애자일 가능성이 아주 높다. '다름'이 아니라 '틀린' 사람이다.

성격장애란 융통성이 없는 행동 및 사고패턴으로 대인관계 형성, 사회적 상황, 직업 생활 등에서 문제가 발생하는 상태(상담학 사전, 출처 : 네이버 지식백과)를 말한다. 성인 초기에 굳어지면 평생토록 유지되는 특징이 있다. 정신의학진단편람(DSM-5 Diagnostic and Statistical Manual Disorders)*을 기준으로 성격장애는 편집성 성격장애, 강박성 성격장애, 조현성 성격장애, 회피성 성격장애, 연극성 성격장애, 자기애성 성격장애, 반사회성 성격장애, 의존성 성격장애, 경계성 성격장애, 조현형 성격장애까지 총 10개가 있다.

---

* **DSM-5** 미국 정신의학회(APA:American Psychiatric Association)에서 각종 정신질환의 정의 및 증상을 판단할 수 있는 기준을 제시한 책이다. 1952년 출판된 이후 사회적 변화에 맞춰 꾸준한 개정작업을 거쳐 2013년 5버전이 최신이다.

성격장애에 대해 알아두어야 하는 이유가 있다. 첫째 우리 주변에 흔치 않게 있다. 2001~2002년 전국적 역학조사에서 미국 성인의 15%는 적어도 하나의 성격장애를 진단받았다. 조현병처럼 정신증**을 가진 사람들의 주 활동 장소는 병원이나 집이다. 현실적 판단력과 분별력이 떨어지므로 정상적인 사회생활을 하기 어렵기 때문이다. 하지만 성격장애의 경우 현실검증력에 아무 문제가 없으므로 일반적 사회생활이 가능하며, 따라서 직장이나 학교에서 쉽게 볼 수 있다. 오히려 경우에 따라 조직에서 바라는 높은 성과를 내고 윗선의 눈에 띄고 직급도 높은 등 당신보다 더 잘 적응했을 수 있다.

둘째, 보통사람은 성격장애를 가진 사람을 이길 수가 없다. 성격장애 종류에 따라 그 증상은 다양하겠지만 의외의 포인트에서 화를 내고, 그 원한이 오래가며, 그 앙갚음이 집요하다. 수치심과 죄책감을 전혀 느끼지 못하기도 하고, 과도하게 자신의 생각과 방식에 집착하기도 하여, 합리적 설득으로는 그와 조율할 수 없다. 즉 일반적 상식으로 그들을 예측하고 대응하면 결국 큰 상처와 손해만 남는다. 따라서 그들의 유형별 특징을 알아야 하고 유형별로

** **정신증** 과거에는 정신질환을 크게 정신증(Psychosis)과 신경증(Neurosis)으로 분류하였다. 정신증은 현실에 대한 판단력과 분별력에 뚜렷한 손상이 있고, 사회적 부적응 수준이 심각하다. 자기통찰이 없어 자신에게 문제가 있다고 생각하지 않으며, 대표적으로 조현병이 있다. 신경증은 현실에 대한 판단력과 분별력이 정상수준이고, 사회적 부적응 수준은 경미하다. 자아통찰이 가능하여 자신의 문제점을 인식하고 개선하고자 한다. 대표적으로 우울증, 불안장애가 있다.

어떻게 대처해야 하는지를 익혀야 한다.

셋째, 성격장애자들은 자신이 성격장애가 있다는 사실을 모르며, 자신이 절대 문제가 있다고 생각하지 않는다. 상대를 잘 믿지 못하는 것도, 자신만의 방식을 고집하는 것도, 사람들과 어울리지 못하는 것도, 다른 사람에게 무례한 행동을 하는 것도 다 이유가 있어서라고 생각한다. 그래서 이들은 절대 자발적으로 병원이나 상담센터를 찾지 않는다. 따라서 문제가 잘 개선되지 않는다. 되레 이들로부터 상처받은 주변 사람들이 트라우마, 화병, 우울증의 이유로 병원을 찾는다.

넷째, 내가 성격장애일 수 있다. 당신은 절대 아니라고 확신하는가? 그렇다면 대인관계에서 같은 문제가 반복적으로 일어나는 이유를 어떻게 설명할 수 있는가. 지금까지는 주변 사람들이 이상해서, 내가 운이 안 좋아서, 내가 너무 잘난 것에 주변 사람들이 질투해서, 세상이 믿을 수 없기 때문이라고 말했다면, 잠깐 멈추고 이 책에서 말하는 기준으로 자신을 거울에 비추듯 찬찬히 들여다볼 필요가 있다. 당신이 인정할 때 개선될 수 있다.

이 책은 다음과 같이 구성되어 있다. 1장에서는 성격과 성격장애가 무엇인지 설명하고, 그 성격장애가 왜 생기는지에 대한 의문

점을 해결할 것이다. 또한 성격장애를 알아야 하는 구체적 이유와 성격장애 진단을 해 볼 수 있도록 하였다. 나를 힘들게 하는 그 사람은 어떤 성격장애를 가졌는지 그리고 나는 어떠한지를 진단해 볼 수 있다. 2장에서는 10개의 성격장애를 풍성한 사례와 함께 설명한다. 정신과 병원에서만 들을 수 있는 사례가 아닌 일상생활에서 일어나는 생생한 사례를 들었다. 그리고 성격장애를 가진 사람으로부터 상처를 덜 받고, 내가 원하는 결과를 얻기 위해 어떻게 행동하고 조절해야 하는지 알려주는 '공생법'을 제시한다. 안 볼 수는 없는데 나를 너무 힘들게 하는 그 사람을 어떻게 다루면 되는지를 알려준다. 그리고 어린 시절부터 삶의 고통을 줄이기 위해 스스로 키운 그들의 성향은 능력을 살릴 수 있는 기회가 주어지면 뛰어난 재능을 발휘하기도 한다. 만약 당신의 상사, 동료, 후배, 친구가 이러하다면 어떻게 그의 재능을 활용할지에 대한 팁이 될 것이다. 또한 내가 가진 성격장애를 어떻게 개선할지를 제시한 '극복법'을 알려준다. 3장에서는 당신이 살면서 성격장애와 같은 질병에 걸리지 않기 위해 가져야 할 요소에 대해 설명하였다. 면역력을 높이는 방법들이다. 물론 이 질병에 이미 걸린 사람도 면역력을 높인다면 잘 극복해 나갈 수 있다. 매일 삶의 현장에서 적용할 수 있도록 활용도 높은 방법을 제시하였다. 이와 같은 방법들은 당신의 정신건강에 도움을 줄 것이며, 나아가 삶의 질을 올려 줄 것이다.

저자의 경우, 성격장애 공부를 통해 나의 대인관계를 돌아볼 수 있었고, 그동안 사회생활을 하면서 만났던 아주 독특했던 사람들을 이해할 수 있게 되었다. 단순히 '이상한 사람 또는 나쁜 사람'에서 '이런 병증을 가진 사람'으로 정리하여 바라보기 시작했다. 그래서 맘 맞는 사람들끼리 모여 욕하거나, 잠들기 전에 소원을 비는 식의 소심한 복수를 그만두고 현명한 대처법을 찾을 수 있었다.

성격장애 관련 내용은 이상심리학, 정신의학 분야 책에서 흔히 찾아볼 수 있는 내용이다. 하지만 그 용어가 비전공자들에게 매우 어렵고, 환자를 대상으로 한 사례들이라 일반인들 입장에서 공감도가 떨어질 수밖에 없다.

이 책은 일반인도 한눈에 읽고 쉽게 이해할 수 있도록 가급적 전문용어를 배제하고 눈높이를 낮추었다. 따라서 당신 주변에 있는 직장상사, 동료, 후배 또는 고객, 가족 등과 쉽게 매칭시킬 수 있을 것이다.

살면서 누구나 최소 한 번 이상은 사람 문제로 밤잠 설쳐본 기억이 있을 것이다. 사람 때문에 상처받고, 사람 때문에 일을 그만두고 싶을 때, 이 책이 좋은 방법을 안내할 것이다.

차례

Follow me!

1

도대체

성격이

왜 저럴까?

1
성격,
성격장애 그리고 원인

성격이란 ¶

당신은 어떤 운전습관을 가지고 있는가? 많은 사람들이 자신만의 독특한 운전습관이 있나는 사실을 잘 모른다. 우연히 조수석에 앉은 사람이 잔소리를 하면 그제야 알게 된다. '앞 차와 왜 그렇게 붙여, 좀 띄워', '왜 신호도 안 바뀌었는데 슬금슬금 나가니?', '깜빡이를 끼어들면서 넣는 게 어딨어. 미리 켜야지' 등등의 말. 운전자는 자신에게 익숙한 방식대로 편안하게 운전하지만, 조수석에 앉은 사람은 오른쪽 다리에 수차례 힘이 들어가고 몇 번의 생명 위협을 느끼기도 한다. 즉 하나의 행동이 습관이 되면, 무의식적으로 일어나는 본인의 행동에 전혀 문제의식을 못 느끼지만, 주변인은 굉장히 다르게 인식할 수 있다.

성격이란 생각하고 느끼고 행동하는 습관이다. 긴 세월을 살아오면서 생존에 필요한 사고, 감정, 행동이 습관처럼 몸에 배어, 즉각적으로 선택하고 행동하게 된다. 시간이 흘러도 변하지 않고 비교적 일관성 있게 나타나며, 예측 가능하게 굳어진 행태를 말한다. 사람마다 지문이 다르듯 성격은 사람마다 '독특성'이 있다. 일반적으로 청소년기 후반부터 성인기 초기에 완성되어 죽을 때까지 거의 변하지 않는다.

성격장애 ¶

그렇다면 성격장애는 무엇일까? 정신의학진단편람(DSM-5)에 따르면 '성격적인 경향이 현실에 적응을 방해하고 기능적인 장애, 대인관계에서 문제를 발생시키고 심각한 스트레스를 초래하면 성격장애로 진단할 수 있다'고 한다.

사람들은 각자의 성격 경향을 갖는다. 성격장애는 그 경향으로 인해 대인관계가 지속적으로 심각하게 치명적인 문제를 일으키는 성격을 말한다. 이상하다고 느끼는 정도가 지나쳐서 적응에 장애를 초래하거나 주변 사람들을 매우 불편하게 만든다. 이 때문에 사회생활이나 직업 활동에서 자기 능력을 발휘하지 못하거나 적응하지 못하는 경우도 생긴다.

상황을 인식하고 행동하는 방식에는 개인차가 당연히 존재한다. 자존심이 센 사람, 남을 잘 신뢰하지 않는 사람, 대인관계에 무관심한 사람, 융통성 없는 사람, 남의 시선을 매우 신경 쓰는 사람 등등. 이러한 경향은 매우 다양하고 옳다 그르다고 말할 수 없다. 다만 이런 경향이 지나치면 주변 사람들을 매우 불편하고 당혹스럽게 만든다. 자존심이 강하다는 것은 그 사람의 경향이지만 그것이 지나쳐 남이 업무상 피드백을 했을 때 지나치게 예민하여 불같이 화를 내고 상대를 비난하는 사람이 있다. 남을 잘 신뢰하지 않는 사람이 그 정도가 지나쳐 상대의 의도를 모두 의심하고 아무도 믿지 못하는 경우가 있다. 이것은 성격이 아닌 성격장애이다.

10개의 성격장애 중에서 한 가지에 꼭 맞는 경우도 있지만, 심한 성격장애가 아닌 경우에는 한 가지의 주된 성격장애 경향과 부수적인 성격장애 경향이 같이 나타나는 것이 일반적이다.

13개 국가를 대상으로 한 연구결과 성인 인구의 약 6%가 성격장애를 가지고 있다고 한다(세계보건기구 2009년). 한국 인구의 10~18% 즉, 성인 7명 중 1명은 성격장애라는 통계도 있다(대한신경정신의학회 2015년). 이처럼 성격장애는 우리 주변에서 쉽게 볼 수 있다.

10개의 성격장애는 각각 그 독특한 특징이 있지만 공통된 사항은 다음과 같다.

첫째, 보통 청소년기나 성인기 초기에 시작되어 일생 동안 지속된다. 물론 반사회성 성격장애, 경계성 성격장애는 나이가 들어감에 따라 증상이 완화되기도 하지만 나머지 성격장애들에서는 이런 경향이 거의 나타나지 않는다.

둘째, 문제가 있는 성격적 경향으로 인하여 사회생활, 가정생활에서 지속적이고 심각한 문제를 초래한다. 성격장애가 있는 사람이 의도하지 않아도 피해자가 생긴다.

셋째, 자아동조적Ego-Syntonic이라 자신은 불편하지 않다. 자신의 행동이 당연히 맞다고 생각하고 주변 사람들이 틀렸다고 생각한다. 아니면 이상한 행동을 하는 것을 알고 있지만 그런 행동의 원인이 상대방에 있다고 생각한다. 또는 그렇게 행동하는 것이 상대방을 얼마나 힘들게 하는지 알지 못한다. 그렇기 때문에 주변 사람과 빈번히 마찰을 일으킨다. 자신에 대한 개선의 필요성을 느끼지 않으며 스스로 병원을 찾는 일은 거의 없어 개선 혹은 수정되기 어렵다.

성격장애 원인 ¶

생물학적 연구에서 성격장애의 유전적 영향을 제시하기 위한 쌍둥이 연구가 있다. 즉 일란성 쌍둥이*와 이란성 쌍둥이**의 지능,

---

* **일란성 쌍둥이** 유전적으로 100% 동일
** **이란성 쌍둥이** 같은 날 태어났다는 점 외에는 일반 형제 자매와 같은 수준의 50% 정도만 동일

성격특성의 일치도 측정을 통해 유전과 환경의 영향력을 비교하는 것이다. 연구결과 성격장애에 미치는 유전적 요인이 40~60%로 나타났다. 특히 조현형 성격장애가 가장 유전적 영향이 컸으며, 최근에는 강박성 성격장애, 연극성 성격장애, 자기애성 성격장애, 경계성 성격장애도 유전적 영향이 크게 나타나고 있다.

신체질환의 유전적 요인으로는 비만이 약 50~60%, 지능지수 60~80%, 고혈압 80% 정도, I형 당뇨병이 약 90%라고 한다. 이에 비하면 성격장애에 미치는 유전적 요인은 비교적 낮다. 유전적 요인은 일이백 년 사이에 크게 변하는 것이 아니니 최근 성격장애가 급증하는 이유는 환경 변화의 영향이 크다고 할 수 있다.

어린아이가 느끼는 좋은 환경은 어른들이 생각하는 좋은 환경과 차이가 있다. 크고 멋진 집이나 명품 브랜드 유모차와 옷이 아니더라도, 아이는 자신에게 주어진 물질적 환경에 대체로 잘 적응한다. 대신 어린아이는 그를 주로 돌봐주는 사람으로부터의 애정과 안정감이 무엇보다 중요하다.

영아기 때(출생에서 약 1세) 주 양육자는 주로 엄마가 된다. 영아의 신체적, 심리적 요구와 필요를 적절히 충족시켜 주며 일관성 있는 태도를 보이는 충분히 좋은 엄마Good Enough Mother가 아이에겐 무엇보다 중요하다. 정신분석가 발린트Michael Balint는 '영아는 무조건적 사랑을 원하는데 엄마가 적절한 보살핌과 애정을 주지 않으면 아이는 평생을 어릴 적 받지 못한 사랑을 찾는 데 바친다'는 기저결함The Basic Fault의 개념을 제시했다.

영아기를 지난 유아기는(약 1~3세) 근육발달로 대소변의 통제가 가능하고, 자기 발로 서서 걷게 되면 주위를 혼자서 탐색하고 음식도 자신의 힘으로 먹으려 한다. 즉 부모들로부터 서서히 분리되기 시작한다. 이 분리가 원만히 이루어지도록 부모는 역할을 해야 한다. 부모가 이 분리를 수용하지 못하면 아이의 자율성을 침해하게 된다. 또한 유아가 자신의 마음대로만 행동하려고 하면, 부모는 사회적으로 적합한 행동으로 훈육해야 한다. 그러나 이때, 유아의 시행착오를 기다려 주지 못하고 성급해지면 아이의 수치심이 커질 수 있다. 또한 어린아이가 주 양육자로부터 느끼는 애정과 안정감은 매우 중요하다. 엄마의 병이나 죽음, 이혼으로 인한 분리 또는 엄마가 있다 해도 아이를 사랑하지 않는 태도 등은 아이에게 큰 위협이 될 수 있다. 반대로 아이를 너무 과잉해서 보호하는 것 또한 마찬가지다. 물론 영아기와 유아기 때의 부적절한 환경뿐만 아니라 성장하면서 겪은 심각한 학대, 폭력의 경험은 성격 형성에 큰 영향을 미친다. 충동을 조절하고 이성적 판단을 하는 전두엽은 뇌 기능 중 가장 마지막까지 성장하는데, 이런 위협적 경험은 전두엽을 구조적으로 약화시킨다.

2

성격장애를
알아야 하는 이유

성격장애를 꼭 알아두어야 하는 이유 다섯 가지가 있다. 첫째, 일반 성격유형 분석으로 설명되지 않는 사람들이 있다. MBTI, DiSC, 에니어그램과 같은 성격유형 분석도구를 한번쯤은 들어봤을 것이다. 이는 취업을 준비하는 과정 동안 자신의 적성을 알아보거나 자기소개서 중 '나의 성격'을 채워 넣기 위해서 활용된다. 또는 신입사원 교육, 대인관계 및 리더십 관련 교육 등에서도 위의 검사는 빈번히 활용되고 있다. 그렇다면 이 도구의 결론은 무엇인가? '다름을 인정하자'이다. 나와 다른 그가 '틀린 것'이 아닌 '다른 것'이니 그 다름을 수용하자는 것. 저자가 2003년 강의를 시작한 그때도 이 도구는 핫했으며, 지금도 핫하다. 그리고 사람의 다름을 이해하기에 충분히 도움이 될 수 있다. 그런데 강의를 마치고 나면 가끔 개인적으로 와서 질문하는 사람들이 있다.

"교수님의 강의가 주변 사람들을 이해하는 데 도움이 되었어요. 그런데 저희 팀장님은 그 정도로는 이해가 되지 않아요. 사람을 너무 힘들게 하시거든요"라며 자신의 사례를 구체적으로 언급한다. 그런데 이런 사례를 들어보면 성격장애를 가진 사람들의 이야기가 많다. 나를 밤잠 설치게 만들고, 우울증을 유발하고, 직장을 그만둘까 고민하게 만드는 사람…. 그런 사람들은 일반적 성격유형으로 결코 설명되지 않는다. 이 책을 읽어야 하는 이유이다.

둘째, 성격장애는 정신증과 달라 사회생활 속에서 흔히 볼 수 있다. 과거에는 정신질환을 정신증Psychosis과 신경증Neurosis으로 분류하였다. 이를 구분하는 기준은 우선 '현실검증력'의 유무이다. 현실검증력이란 현실판단력 또는 현실감을 말한다. 정신증은 현실감이 붕괴되어 기괴한 행동, 망상적 생각, 부적절하고 불안한 정서적 반응을 보인다. 그러나 신경증은 주관적인 불편감과 고통을 호소하지만 현실적 판단력에는 심각한 곤란이 없다. 따라서 정신증을 가진 사람들은 사회적 부적응 수준이 높아 일반적 사회생활이 거의 불가능한 반면, 신경증은 사회적 부적응 수준이 경미해서 일반적으로 사회생활에 큰 무리는 없다. 성격장애의 경우 현실검증력 면에서는 정신증보다는 신경증에 가깝다. 성격장애자 중에는 직장생활을 하는 사람이 많으며 심지어 고위직에도 많다. 다만 대인관계에 치명적인 문제만 있는 것이다. 능력, 성과 중심의 조직에서 상사의 눈에 띄기 위해 무슨 짓도 할 수 있기에, 자신의 특별한 재능을 살려 승진도 잘하고 남보다 돈을 더 잘 벌기도 한다.

셋째, 성격장애자는 자신의 문제를 알지 못한다. 정신증과 신경증을 구분하는 또 다른 기준은 '불편감'의 유무다. 정신증은 자신의 행동에 대한 불편감을 거의 느끼지 않고 부적응적 행동에 대한 불안이 거의 없다. 문제 인식이 없기 때문에 당연히 개선 의지가 없다. 그러나 신경증은 스스로 괴로움을 느끼고 개선하고자 한다. 이 기준에 의하면 성격장애는 정신증에 가깝다. 남들은 괴로워하지만 자신은 잘 느끼지 못하기 때문이다. 성격장애자를 '입 냄새 풍기는 사람'으로 비유하는 이유이기도 하다.

기획팀 최 팀장은 모든 일에 자신이 만든 규정을 내세우며 팀원들에게 지킬 것을 강요했다. 그런 최 팀장에게 김 과장은 규정 일부에 대해 재고 건의를 했다가 완전히 찍혔다. 그 후 최 팀장은 회의 시간마다 김 과장이 낸 의견을 공개적으로 망신 주고 급기야 자신이 원하는 대로 따라오지 않는다며 팀 프로젝트에서 배제해 버렸다. 힘들어하던 김 과장은 정신과 병원을 찾았고 외상 후 스트레스 장애 진단을 받았다. 성격장애가 있는 사람들은 자신은 전혀 불편함을 느끼지 않는다. 그래서 스스로 병원을 찾는 일은 없으며, 도리어 그로 인해 주변 사람들이 병원을 찾는 일이 많다.

구분	정신증	성격장애	신경증
현실검증력	없다	있다	있다
병식(病識)*	없다	없다	있다

넷째, 인정하면 개선될 수 있다. 이쯤 되면 나도 혹시나 성격장애인데 나만 모르고 있는 건 아닐까 생각하게 된다. 혹시 주변에 마음을 나눌 진정한 친구나 동료가 없다면 자신을 한번쯤은 의심하고 객관적으로 돌아볼 필요가 있다. 성격장애 치료는 쉽지 않다. 하지만 자신이 문제의 심각성을 깨닫고 고치려는 의지를 갖는다면 분명 개선의 여지가 있다. 특히 결혼생활, 직장생활, 대인관계 등의 사회적 기능이 유지되는, 심하지 않은 성격장애의 경우 예후가 좋다. 성격 때문에 자신과 다른 사람이 피해를 본다면 성격을 고치는 것이 가장 직접적인 해결책이다. 그러려면 자신이 혹시 성격장애가 있는 것은 아닌지 객관적으로 점검할 수 있어야 한다. 성격장애를 알아야 하는 이유이다.

다섯째, 알면 대처할 수 있다. 일반 대인관계라면 이상한 사람은 안 보고 피하면 된다. '싸이코야! 또라인가?', '오늘 재수 없네'라고 생각해 버리면 될 일이다. 하지만 직장에서 업무적으로 만나

---

* **병식(病識)** 현재 자신이 병에 걸려 있다는 자각

는 사람이나, 가족이라면 피하고 싶다고 해서 피할 수가 없다. 그것이 성격장애의 특성을 이해하고 대처법을 알아야 하는 이유이다. 성격장애를 학습하지 않으면 성격장애라는 것이 있다는 것조차 알지 못한다. 그 결과 주변 사람들에게 성격장애의 특징이 나타나도 식별하지 못하며, 또한 그들 때문에 어떤 피해를 당하리란 것도 깨닫지 못한다. 직장생활을 하다 보면 다양한 군상을 만나게 된다. 그는 나의 직장 상사일 수도 있고, 동료일 수도 있고, 부하직원이나 후배, 고객일 수도 있다. 이유도 모른 채 이상한 성격을 가진 사람의 말과 행동 때문에 상처받고 정신세계가 피폐해지기도 한다. 성격장애를 학습하고 나면 이들을 구별해내고 어떻게 대처할 것인지 방법을 찾을 수 있다.

3
성격장애의
진단

　아래 진단지는 성격 경향을 파악해 성격장애 여부를 체크하기 위한 것이다. 각 질문에 해당하면 빈칸에 동그라미(○)를 하면 된다. 만약 자신에 대해 진단한다면 현재 자신의 기분이나 행동뿐만 아니라 과거 수년간 자신이 어떠했는지를 잘 생각해서 체크한다. 판단이 잘 서지 않을 때는 자신을 잘 아는 사람은 어떻게 응답할지를 염두에 두길 바란다. 만약 자신을 힘들게 하는 사람을 진단한다면 평소 그의 사고방식, 말과 행동을 떠올리며 체크한다.

	내용	
1	충분한 근거는 없으나, 다른 사람들이 자신을 관찰하고, 해하거나 속인다고 의심한다	
2	일을 할 때 규칙, 목록, 순서, 세부사항에 몰두하여 정작 중요한 사안을 놓친다	

	내용	
3	가족의 일원이 되는 것을 포함하여 친밀한 관계를 원하지도, 기뻐하지도 않는다	
4	자신을 사회성이 부족하며 매력이 없고, 남들에 비해 열등하다고 생각한다	
5	자신이 사람들 관심의 중심에 있지 않은 상황이 견디기 힘들다	
6	자신의 중요성에 대해 매우 강한 자신감을 갖는다	
7	법에서 정한 사회규범을 준수하지 않고, 구속당할 행동을 반복한다	
8	동기나 능력이 부족하다기보다 판단력 혹은 자신감 부족 때문에 어떤 일을 시작하거나 수행하기를 어려워한다	
9	감정기복이 심해 예민함, 염려, 불쾌감이 자주 지속된다	
10	다른 사람들의 말과 행동이 자신에 대해 말하는 것처럼 느껴질 때가 많다	
11	친구나 동료들의 충정이나 신뢰를 근거 없이 의심한다	
12	완벽함을 고집하다가 기한 내 임무를 다 수행하지 못한다	
13	가속 이외 친한 친구나 믿을 만한 상대가 없다	
14	사람들과 어울릴 때 비난받고 거절당할지도 모른다는 생각에 사로잡힌다	
15	다른 사람과의 관계에서 성적유혹, 선정적, 도발적인 행동을 한다	
16	적극적이고 열렬한 칭찬, 찬사를 바란다	
17	자신의 이익이나 즐거움을 위해 거짓말, 사기, 가명 사용을 반복한다	
18	다른 사람의 조언과 확언이 없으면 일상적인 결정을 내리기 어렵다	
19	빈번한 짜증, 끊임없는 분노, 물리적 싸움 등의 분노조절에 문제를 겪는다	

	내용	
20	이상한 믿음이나 마술적 사고가 행동에 영향을 미친다. 예컨대 미신에 사로잡혔거나 투시력, 텔레파시 혹은 육감을 믿는다	
21	자신에게 불리하게 이용될 수도 있다는 이유로 정보를 다른 사람에게 털어놓기를 주저한다	
22	자신의 일하는 방식을 고수하고, 다른 사람에게 일을 넘기거나 공동작업에 참여하기를 주저한다	
23	항상 혼자 하는 활동을 택한다	
24	친한 관계에서도 수치심을 느끼거나, 놀림, 창피를 당할까 봐 조심한다	
25	사람들의 관심을 끌기 위해 신체적 매력을 이용한다	
26	그럴 만한 이유가 없는데도 특별대우나 복종을 바라는 불합리한 기대감을 가진다	
27	자신이나 타인의 안전을 무시하고 무모한 행동을 한다	
28	자기 인생의 매우 중요한 영역까지도 책임져 줄 타인이 필요하다	
29	타인으로부터 버림받는 것을 굉장히 두려워하고, 버림받지 않기 위해 필사적으로 노력한다	
30	신체적 환각증상(소리, 미세한 움직임 등)을 포함하여, 순간적으로 몸에서 기묘한 감각을 느낄 때가 있다	
31	악의 없는 말이나 사건에 대해 숨겨진 의도, 경멸, 위협의 의미가 있다고 해석한다	
32	일과 생산성을 위해 여가와 대인관계는 후순위가 된다	
33	성관계에 관심이 거의 없다	
34	자신을 좋아하는 것이 확실하지 않은 사람들과 어울리는 것을 피한다	

	내용	
35	감정을 과장되며 극적이게 꾸며서 표현한다	
36	자신이 특별하고 독특한 존재라고 믿으며, 특별하거나 지위가 높은 사람들만이 자신을 이해할 수 있다거나 자신과 어울린다고 생각한다	
37	싸움, 폭력 등 공격성을 자주 보인다	
38	지지나 승인을 잃을지 모른다는 두려움 때문에 타인의 의견에 반대하지 못한다	
39	상대방을 극도로 이상화 혹은 평가절하하는 식의 불안정하고 극단적인 인간관계를 보인다	
40	말이 애매하거나 비유적이거나 장황하여 하고 싶은 말이 무엇인지 잘 모르겠다는 소리를 듣는다	
41	상대에게 받은 무례한 대우, 상처, 모욕에 대해 지속적인 원한을 품는다	
42	지나치게 양심적이거나 가치관, 도덕적 기준, 사회적 관습을 지나치게 고수한다	
43	거의 모든 분야에서 즐거워하는 활동이 극히 드물다	
44	거절, 반대, 비난이 두려워 중요한 사람들과 교제를 포함한 직장에서 활동을 피한다	
45	감정이 빨리 변하며 감정 표현이 피상적이다	
46	대인관계가 착취적이다. 즉, 자신의 목적을 달성하기 위해 다른 사람들을 이용한다	
47	충동적으로 행동하거나 계획을 세우지 못하고, 계획을 세웠어도 이행하지 못한다	
48	타인의 보살핌과 지지를 받기 위하여 심지어 꺼려지는 일도 자청해서 한다	

	내용	
49	자신에게 해가되는 충동적 행위(낭비, 폭식, 부주의한 운전, 문란한 성생활, 약물남용 등 최소 두 가지 영역)를 한다	
50	쉽게 사람을 믿지 못하는 편이다	
51	다른 사람들은 그렇게 생각하지 않는 말과 행동에 대해 자신에 대한 공격으로 받아들이고 즉각 반응하여 화를 내거나 반격한다	
52	사용하지 않는 등 소장가치가 없음에도 불구하고 물건을 버리지 못한다	
53	다른 사람들의 칭찬이나 비난에 무관심하다	
54	자신이 부족하다는 생각 때문에 새로운 사람을 만나는 상황을 피한다	
55	세부적 설명이 부족하고 막연하게 말하는 버릇이 있다	
56	공감능력이 부족해서 타인의 감정이나 욕구에 무관심하고, 확인하려 하지 않는다	
57	꾸준한 직업 활동을 수행하지 못하거나 금전적 의무를 이행하지 못하는 행동을 반복하며, 시종일관 무책임하다	
58	스스로 잘 해나갈 수 없다는 두려움으로 인해 혼자 있으면 불안하고 무기력함을 느낀다	
59	자해 행동, 자살 위협, 자살 시도 등을 되풀이한다	
60	생각이 엉뚱, 부당, 편협하다는 소리를 듣는다	
61	정당한 이유 없이 애인이나 배우자의 정절에 대해 반복적으로 의심한다	
62	자신이나 남들에 대하여 금전 사용에 인색하다	
63	감정적으로 냉담하고, 무관심하며, 무미건조하다	
64	당황하는 모습을 보여주기 싫어 새로운 활동을 시도하거나 위험을 감수하는 일을 매우 꺼린다	

	내용	
65	다른 사람이나 환경에 의해 쉽게 기분이나 감정에 영향을 받는다	
66	거만하고 오만한 행동과 태도를 보인다	
67	다른 사람에게 피해를 주는 것(상처, 학대, 절도 등)에 대하여 아무렇지 않게 느끼고 반성하지 않는다	
68	어떤 친밀한 관계가 끝났을 때 곧바로 보살핌과 지지를 해줄 다른 사람을 찾는다	
69	자아 정체성 혹은 자의식이 불안정하다	
70	독특, 별종이란 말을 듣는다	
71	전반적(일, 관계)으로 엄격성과 경직성을 보인다	
72	지나친 숙고와 조심스러움이 있다	
73	사람들과의 관계에서 실제보다 가까운 관계로 인식하고 행동한다	
74	다른 사람들이 자신을 질투하거나 시기한다고 믿는다	
75	무한한 성공, 탁월한, 아름다움, 이상적인 사랑에 대한 공상에 빠진다	
76	스스로 자신을 돌봐야 하는 상황에 처할지도 모른다는 두려움에 비현실적으로 집착한다	
77	만성적 공허감을 느낀다	
78	스트레스가 주어졌을 때, 일시적으로 망상적 사고나 해리가 일어난다	
79	직계 가족 외에는 가까운 친구나 마음을 털어놓을 사람이 없다	
80	세상은 두려운 곳이라 생각한다	

판정 방법은 우선 1~80번까지 동그라미(○)로 표시한 것을 성격장애 진단표에 맞춰 다시 표기하고, 소계를 낸다. 동그라미(○)의 수가 판정 기준 이상이면 그 성격장애를 가졌을 수 있다. 다만 어디까지나 기준이다. 정확한 진단은 정신의학과 전문의와 상담을 통하는 것이 바람직하다. 다만 진단을 통해 해당 항목 수가 많은 유형을 인식함으로써 그와 자신의 경향을 대체로 파악할 수 있다.

▶ 성격장애 진단표 ◀

성격장애	구분					
편집성 성격장애	1번	11번	21번	31번	41번	51번
강박성 성격장애	2번	12번	22번	32번	42번	52번
조현성 성격장애	3번	13번	23번	33번	43번	53번
회피성 성격장애	4번	14번	24번	34번	44번	54번
연극성 성격장애	5번	15번	25번	35번	45번	55번
자기애성 성격장애	6번	16번	26번	36번	46번	56번
반사회성 성격장애	7번	17번	27번	37번	47번	57번
의존성 성격장애	8번	18번	28번	38번	48번	58번
경계성 성격장애	9번	19번	29번	39번	49번	59번
조현형 성격장애	10번	20번	30번	40번	50번	60번

			소계	판정기준	판정
61번				4 항목 이상	
62번	71번	72번		4 항목 이상	
63번				4 항목 이상	
64번				4 항목 이상	
65번	73번			5 항목 이상	
66번	74번	75번		5 항목 이상	
67번				3 항목 이상	
68번	76번			5 항목 이상	
69번	77번	78번		5 항목 이상	
70번	79번	80번		5 항목 이상	

2

그는
어떤
성격장애일까?

1

날 속이지마.
널 못 믿어!

편집성 성격장애
(Paranoid Personality Disorder)

편집성 성격장애 진단하기 ¶

다음 항목 중 4개 이상 해당이 된다면, 편집성 성격장애를 의심
해 볼 수 있다.

❶ 충분한 근거는 없으나 다른 사람들이 자신을 관찰하고, 해하거나 속
　인다고 의심한다.

❷ 친구나 동료들의 충정이나 신뢰를 근거 없이 의심한다.

❸ 자신에게 불리하게 이용될 수도 있다는 이유로 정보를 다른 사람에

게 털어놓기를 주저한다.

❹ 악의 없는 말이나 사건에 대해서도 숨겨진 의도, 경멸, 위협의 의미
가 있다고 해석한다.

❺ 다른 사람들은 그렇게 생각하지 않는 말과 행동에 대해 자신에 대한
공격으로 받아들이고 즉각 반응하여 화를 내거나 반격한다.

❻ 상대에게 받은 무례한 대우, 상처, 모욕에 대해 지속적인 원한을 품
는다.

❼ 정당한 이유 없이 애인이나 배우자의 정절에 대해 반복적으로 의심한
다.

〈H사 G본부 한○○ 팀장 인터뷰〉

한 팀장 저는 각자 자신의 역할에 최선을 다하고 기본에 충실하
면 아무런 문제가 없다고 생각합니다. 하지만 그렇지 않
은 사람들이 너무 많죠. 자신의 이익을 위해서라면 어떻
게든 남을 속이고 핑계를 댑니다. 저는 거짓말 하는 사람
이 제일 싫어요. 그래서 전 상대가 거짓말을 한다고 느껴
지면 그것을 정확히 밝혀내고, 옳고 그름을 제대로 짚을
뿐인데, 상대는 그것을 마음에 담고 감정적으로 저를 대
합니다. 제가 사람을 잘 못 믿는데요. 사실 처음부터 이러
진 않았어요. 사람들한테 몇 번 당한 후부터는 두 번 다시
당하지 않으려고 노력하다 보니….

정 박사 사람들한테 당하셨다는 일에 대해 좀 더 들어볼 수 있을까요?

한 팀장 사례라…. 한두 개가 아닌데요, 제가 개인적인 일로 휴가를 낸 날 팀원 중에 한 명이 지각을 했거든요. 그런데 팀내 차석이 저에게 보고할 때 그런 말을 전혀 하지 않았어요. 제가 나중에 우연히 알게 된 거죠. 또 이런 일도 있었어요. 우연히 휴게실을 지나다가 김 대리를 포함한 저희 팀원들이 모여 대화 나누는 소리를 들었어요. 혹시나 해서 휴게실로 들어갔더니 갑자기 대화를 딱 멈추는 겁니다. 업무 진척이 없어 오늘 아침 김 대리에게 한 소리했는데 그걸 거기서 말하고 있었던 거 같더라고요. 오후에 휴게실에 함께 있었던 오 차장을 불러 무슨 말을 했는지 물었더니 전혀 다른 이야기를 하더군요. 전요, 꽉 막힌 사람 아닙니다. 상사 뒷담화 할 수 있죠! 그냥 솔직히 말하고 사과했으면 그냥 넘어갔을 텐데 끝까지 저를 모욕하더라고요. 팀장급 회의를 들어가도 그렇습니다. 다들 부서장이 회의에 참석하면 어떻게든 잘 보이려고 상대 팀장을 은근 깔아뭉개죠. 얼마 전에는 몇 번 참다가 더 이상은 안 되겠다 싶어 그 자리에서 쏘아붙였습니다. (중략)

정 박사 가족들과의 관계는 어떠세요?

한 팀장 이런 말씀 드려도 되는지 모르겠는데요. 솔직히 아내 때문에 스트레스가 많습니다. 전 가정에 매우 충실하거든요. 근데 아내는 저에게 비밀이 많습니다. 집에 있을 때 거의 핸드폰을 손에서 놓지 않아요. 누군가와 끊임없이 톡을 주고받아요. 한번은 제가 핸드폰을 달라고 해서 통화기록과 문자를 본 적이 있습니다. 근데 문제가 될 만한 것들은 이미 다 지웠더군요. 증거를 어떻게 잡아야 할지 요즘 고민 중에 있어요. 부부간의 신뢰는 매우 중요한데, 이런 기본적인 것이 안 되니 부부 사이가 좋지 않죠.

편집성 성격장애 파헤치기 ¶

편집성 성격장애란 일반적인 상대방의 말과 행동을 불순한 의도나 위협으로 인식하고 지속적으로 의심과 불신을 갖는 성격장애를 말한다. 주변 사람들과 지속적인 갈등을 경험하기 때문에 스트레스를 많이 받고, 우울증, 공포증, 강박증, 알코올 남용과 같은 정신장애를 일으킬 가능성이 크다. 특히 강한 스트레스가 주어질 때 짧은 기간 동안 심리적 혼란을 경험하는 경향이 있다. 망상이나 조현병으로 발전되는 경우도 있다. 유병률은 2~4% 정도이며, 남성에게서 더 흔하게 진단된다.

충분한 근거는 없으나 다른 사람들이 자신을 관찰하고, 해하거나 속인다고 의심한다.

세상은 위험한 곳이기 때문에 아무리 가까운 사람이라도 신뢰해서는 안 된다고 생각하여 적대적인 태도를 보인다. 상대의 행동을 미세하게 관찰하고 살피면서, 악의적 동기는 없는지, 자신을 착취하거나 조롱하는 것은 아닌지, 뒤에서 험담하는 것은 아닌지 긴장하고 경계한다. 그러다가 명확한 증거가 없음에도 불구하고 자신을 해하려 한다고 확신한다. 경쟁적인 환경이라면 그 정도가 더 심해지는데, 원하는 대로 성공하지 못하면 상대가 자신이 성공하지 못하게 악의적으로 손을 썼다고 생각한다. 타인을 병적으로 의심하기 때문에 작업상의 능률이 저하되고 대인관계에서도 친밀한 관계형성이 어렵고 적을 만드는 경우가 흔하다.

〰

바이오 분야 벤처기업 대표 박○○(남, 51세) 씨는 보안을 매우 중요하게 여긴다. 사업 파트너는 물론 내부 직원들까지도 자신의 혁신적인 사업성과를 훔쳐가거나 해를 끼칠 수 있는 존재로 인식한다. 실험결과가 잘 나오지 않으면 실험에 필요한 재료를 공급하는 업체가 자신에게 장난질을 한다고 생각한다. 그래서 배송지를 변경하여 자신임을 숨기고 배송받는 방법을 짜냈다. 연구실 직원들이 돌아가면서 자신이 졸업한 학교 연구실로 재료 주문을 넣고, 학교까지 박 대표가 직접 가서 받아오는 것이다. 직원들의 출퇴근 시간은 9시에서 오후 6시까지인데, 직원들은 사무실에 오전 8시 50분이 되어서야 들어갈 수 있고 오후 6시 10분 전에 모두 사무실을 나서야 한다. 직원들이 사무실에 혼자 남아 무슨 짓을 하는지 믿을 수 없기 때문이다. 해고는 저녁에 아무렇지 않게 인사를 나누고 퇴근을 한 뒤, 해당 직원의 문자로 통보한다. 해고 사실을 미리 알렸을 경우 자료 등을 챙기거나 회사에 어떤 해코지를 할지 알 수 없기 때문이다. 박 대표의 이런 행동으로 직원들의 이직률이 매우 높았는데, 그럼에도 박 대표는 직원들이 회사를 그만둘 때마다 "역시 검은 머리 짐승은 거두는 게 아니야"란 말을 버릇처럼 내뱉는다.

진단기준 2 친구나 동료들의 충정이나 신뢰를 근거 없이 의심한다.

상대방이 자신에게 하는 말을 잘 믿지 못해 그들이 뒤에서 어떤 말과 행동을 하는지 확인하려 한다. 출장 가는 팀원이 정말로 그 업체를 방문했는지 업체 담당자에게 직접 전화해서 확인을 한다든가, 자신이 참석하지 않는 회의를 다른 방에서 모니터링 한다든가, 자리를 비우며 녹음기를 켜놓고 나가기도 한다. 점심시간 동료가 켜놓고 간 컴퓨터 메신저를 몰래 열어 본다든가, 팀원 두 명에게 각각 다른 말을 전하여 그들의 반응을 살펴보는 일도 한다. 이러다 보니 사람 많은 사무실에서 자신의 물건에 사람 손이 탈까 봐 전전

긍긍한다. 출퇴근 시 외장하드는 반드시 가지고 다니고, 자리를 잠깐 비울 때도 책상 서랍이 잠겼는지 확인한다. 또한 다른 사람을 향한 끊임없는 불신으로 남한테 무언가를 맡기지 못하고 스스로 모든 것을 확인하고 행하는 자급자족 형태가 많다.

〰️

　30대 초반의 최○○ 과장은 1년 전 경력 이직을 했다. 그는 일을 잘하는 사람이란 평가는 있지만 동료들과 관계에 문제가 많다. 얼마 전 블라인드(익명성이 보장되어 직원들이 회사 내부 문제 등을 공유하는 애플리케이션)에 경력 이직자를 험담하는 글이 올라왔다. '경력직으로 많은 경력을 인정받고 회사에 들어왔지만 실력은 별로 없더라'는 일반적 내용이었다. 그 회사에는 경력 이직자가 수백 명은 되지만, 최 과장은 그 글이 자신을 향하고 있으며 그 글을 쓴 사람은 팀 내 자신의 후배라고 확신했다. 명확한 증거는 없지만 그는 확신했고, 분노에 치를 떨었다. 최근 그는 복수할 방법을 찾고 있다.

　진단기준 3 **자신에게 불리하게 이용될 수도 있다는 이유로 정보를 다른 사람에게 털어놓기를 주저한다.**
　타인과의 관계에서 자신이 말한 내용이 추후 불리하게 작용할 것이 분명하다고 생각한다. 특히 자신이 어려움에 처한다면 친구나 동료들이 자신을 무시하거나 되레 공격할 것이라 생각한다. 그래서 행동이 늘 조심스럽고 비밀이 많으며, 자신의 생각이나 감정을 공유하지 않는다. 또한 미래에 있을 대인관계의 곤경을 방어하기 위해 치밀한 계획을 세운다. 그들은 개인적인 질문에 대해서 "당신이 관여할 바가 아니다"라고 하면서 답하기를 거부한다. 자신에 대한 타인의 위협 가능성을 지나치게 경계한다.

진단기준 4 **악의 없는 말이나 사건에 대해 숨겨진 의도, 경멸, 위협의 의미가 있다고 해석한다.**

타인의 악의 없는 말이나 행동도 나쁜 의도가 있다고 해석한다. 그래서 자신을 위협하고 품위를 손상시켰다고 생각한다. 팀원이 타온 커피 위에 있는 거품을 보고 직원이 침을 뱉은 거라 생각하고, 타인이 주는 개봉된 음식은 절대 먹지 않는다. 업무에 대해 칭찬하면 자신을 더 착취하기 위한 수작이라고 생각한다. 다른 사람들이 도와주겠다는 호의를 베풀면 자신이 그 일을 혼자 충분히 못하고 있는 것에 대한 비난으로 받아들인다. 휴식시간 가볍게 나눈 농담에 대해 그 의도를 한참동안 고민한다. 정서의 폭이 좁기 때문에 유머 감각이 결여되어 있고, 농담도 할 줄 모른다. 따라서 우연한 농담도 심각한 인신공격으로 오해하는 경우가 많다. 자신은 남이 보지 못하는 것을 볼 수 있는 특별한 능력이 있기에 이런 모든 사고와 행동이 가능하다고 생각한다.

━━━

40대 중반 오○○차장은 호전적이고 다른 사람에게 적대적인 모습을 자주 보인다. 회의시간에 자유롭게 대화를 나누다가도 갑자기 자신에 대한 공격으로 오해하고 비꼬는 말투로 쏘아붙여 분위기를 한번에 싸하게 만드는 일이 잦다. 자신의 의견이 반영되지 않으면 또 오해로 이어진다. 겉으로 보기에는 신중하고 합리적이며 객관적인 사람처럼 보이기도 하지만 불신과 의심 때문에 따지고 비꼬는 말을 잘하며 남에게 냉담하기 때문에 상대방을 화나게 만드는 일이 잦다. 만약 상대방이 화를 내면 뭔가 부당한 것을 숨기려는 의도로 해석하고, 자신도 어쩔 수 없이 적대적으로 응수할 수밖에 없다고 생각한다.

진단기준 5 **다른 사람들은 그렇게 생각하지 않는 말과 행동에 대해 자신에 대한 공격으로 받아들이고 즉각 반응하여 화를 내거나 반격한다.**

겉으로는 객관적이며 합리적이고 정중한 모습을 나타낼 때도 있지만, 지나친 의심과 적개심으로 사소한 부분도 잘 따지고 든다. 모욕을 받았다고 느끼면 그 즉시 공격하는데, 공개적으로 적대감을 표현하기도 하고, 조용하지만 냉담하게 비꼬는 말을 하기도 한다. 자신은 합리적으로 행동하나 주변 사람들이 부적절한 행동을 하기 때문에 자기방어를 위해 어쩔 수 없다는 식의 논리를 주장한다. 즉 자신의 결점을 다른 사람의 탓으로 돌리며 타인에 대해 비판적이다.

⊂⊃

M 연구소의 김○○(남, 53세)은 연구교수이다. 업무 특성상 연구 프로젝트가 있으면 관련 업체와 조율해야 하는 일이 많은데, 김 교수는 협업하기 힘들다는 컴플레인을 많이 받는 것으로 유명하다. 고객이 요구하는 사항에 대해 일일이 누가 해야 하는지를 따지고 들고, 회의 시 오고간 이야기에 얼굴을 붉히는 경우도 많기 때문이다. 한번은 방문한 업체의 안내데스크 직원이 무례하다는 이유로 큰 소리를 내며 싸우다가 우연히 지나던 담당 임원이 이를 목격한 바람에 프로젝트가 중단된 적도 있다. 연구소장이 여러 번 주의를 주었으나, 자신도 갑질하는 고객과 일하기 힘들다는 말을 반복했다. 얼마 전, 새로운 프로젝트가 있어 연구소 교수들의 미팅 날짜를 단톡방에 공지했는데 김 교수가 개인적 사정으로 참석이 힘들게 되었다. 김 교수는 그 사실을 단톡방에 말하며, '미팅 공지는 최소 일주일 전에 올리는 게 상식 아니냐'며 따졌다. 그 모임을 공지

한 연구원이 갑작스런 공지에 대해 사과하며, 왜 미팅 날짜가 갑작스럽게 잡혔는지를 세세히 설명했다. 그리고 개인적 사정으로 참석이 어려우면 의무사항은 아니니 편히 말을 달라고 했다. 그러자 김 교수는 '내가 참석해도 되고 안 해도 되는 사람이냐'며 또 따지고 들었다. 스무 명 남짓한 단톡방에 본인의 불쾌한 감정을 쏟아내기 시작했다. 그 연구원에게 공식적 사과를 요구하기도 했다. 결국, 김 교수가 온종일 따지고 들었던 사항 하나하나에 대해 연구원이 모두 사과를 함으로써 사건은 일단락되었다. 그를 잘 아는 연구소 직원들은 아무도 그의 단톡방 문자에 댓글을 달지 않았다.

진단기준 6 상대에게 받은 무례한 대우나 상처, 모욕에 대해 지속적인 원한을 품는다.

한번 품은 원한은 사소한 것이라도 잊거나 풀지 않는다. 자신에게 부당하다고 생각되는 일을 계속 찾아내어 스스로 불필요한 억울함과 원한을 키운다. 자신의 연구 성과를 지적한 선배에게 앙심을 품고 그 선배가 발표하는 날 신랄하게 약점을 지적하며 공개적 망신을 주는 행동을 한다. 자신의 팀장이 자신을 미워하고 있다고 생각하고, 자신에게 뭔가 불이익을 준다면 반격할 목적으로 문제가 될 만한 발언과 행동을 꼼꼼히 기록한다. 자신에게 상처를 주거나 모욕을 준 사람을 절대 용서하지 않고 지속적으로 해코지하려 든다. 늘 싸울 태세를 하고 있고, 주위에서 감지한 위협에 재빨

리 반격하기 위해 툭하면 소송하고 자주 법정 분쟁을 제기한다. 동
사무소, 구청 등 동네 관공서마다 꼭 몇 명씩 있다는 '소송광', '민
원광' 들이 여기에 해당된다.

진단기준 7 **정당한 이유 없이 애인이나 배우자의 정절에 대해 반
복적으로 의심한다.**

친구의 우정, 배우자의 정숙을 자주 의심하여 자신의 의심을 뒷
받침하는 사소하고 중요하지 않은 정보를 모은다. 배신당하지 않
기 위해 끊임없이 애인이나 배우자의 소재, 행동, 의도 그리고 정조
에 대해 질문하고 시험한다. 의처증이나 의부증이 생기기 쉽기 때
문에 연인관계, 가정생활은 지속적인 위기상황에 놓인다.

편집성 성격장애 원인 찾기 ¶

성장 과정에서 가혹하고 학대적인 양육 환경을 경험했거나, 부
모의 불합리한 분노에 짓눌리는 경험이 많았을 수 있다. 이런 상황
에서 분노를 마음껏 표현하지 못하고 성장하여 내재화한 경우다.
또한 신뢰할 만한 어른을 경험하지 못한 것이 이런 성향이 만들어
진 바탕이 된다. 이로 인해 타인에 대한 깊은 불신을 학습하게 되
고, 자신만이 결정의 주체임을 확신하게 된다. 자신을 보호하기 위

해서 타인의 공격, 경멸, 비판에 예민하며 타인의 공격과 속임을 경계하게 된다. 아울러 이들은 자신의 적대감과 비판적 태도를 자각하지 못하는 특성이 있기 때문에, 타인이 자신에게 적대적인 태도를 나타내는 이유를 이해하지 못하고 타인은 믿지 못할 악한 존재라는 생각을 강화하게 된다. 아동기와 청소년기에는 원만하지 못한 또래 관계, 사회불안, 과민성, 독특한 사고나 언어 그리고 특이한 환상 등의 모습으로 분명하게 드러난다. 조현병의 유전인자를 지닌 가족이나 친척에서 그리고 망상장애를 지닌 가족이나 친척에서 편집성 성격장애의 유병률이 높게 나타난다.

대 처 방 법

주변에 편집성 성격장애자가 있다면 …

▮ 정면으로 부딪치지 마라

되도록 갈등을 피하고 정말 큰 문제가 아니라면 그냥 물러서는 것이 좋다. 설령 그가 실수했거나 틀렸다 해도 대놓고 지적하거나 정면대응은 하지 않는 것이 좋다. 체면을 중시하는 그가 그 자리에서 자신의 잘못을 인정할 리 만무하다. 당신은 그냥 억울해서, 아니면 맞는 것을 맞다고 하기 위해 건넨 말이지만 그는 되레 자신이 맞는 것을 증명하기 위해 소송도 불사하고 심지어 목숨 걸고 달려들 수 있다. 당신은 그만하고 싶은데 그는 끝까지 당신을 놓지 않아 굉장히 피곤해질 수 있다.

▎ 그를 의도치 않게 화나게 했다면, 공손하게 사과하라

악의 없이 한 말에 그는 느닷없이 화를 낼 수 있다. 이럴 땐 그냥 사과하는 것이 최상이다. 혼자 씩씩대다가 상대의 반응이 점잖으면 그냥 잠잠해진다. 이들은 공손히 사과하는 사람에게는 관대한 일면을 갖고 있다. 반대로 당신이 아니라고 강하게 부정하는 순간 그의 편집증적 에너지는 더 강하게 발동한다. 황당하겠지만, 반격하고 싶은 욕구를 억누르고 다음과 같이 말하는 것이 좋다. "전혀 그런 의도는 아니었지만, 팀장님 입장에서는 그렇게 생각하실 수도 있으실 것 같습니다. 죄송합니다" 이런 식이다. 주변의 편집성 성격장애자와 있었던 일을 떠올려 보고, 다시 그와 같은 상황이 온다면 무엇이라고 말할지 미리 정리해 보자. 준비되어 있지 않으면 그 순간 또 당황하게 되고, 당황하여 무심코 내비친 표현으로 그의 불신이 더 커질 수 있다.

그리고 끝까지 숨길 자신이 없다면 상황을 모면하기 위한 어설픈 거짓말은 안 하는 것이 좋다. 그 작은 거짓말이 당신에 대한 불신에 불을 붙일 수 있다.

내가 예상하는 사례와 적절한 반응

편집성 성격장애자의 표현

왜 이렇게 늦게 들어왔어? 너 출장 갔다온 거 확실해?

늦어서 죄송합니다. 오는 길에 차가 많이 막혔습니다. 중간에 팀장님께 보고 전화를 드렸으면 걱정 안 하셨을 텐데, 다음부터는 좀 더 신경 쓰겠습니다.

내가 보일 반응

편집성 성격장애자의 표현

너 아까 회의시간에 팀장님도 있는 자리에서 업무 진척도에 대해 질문한 의도는 뭐야? 예정보다 늦어지고 있는 거 뻔히 알면서…

미안해. 내가 센스가 부족했네. 다음부터 업무 진척도 관련해서는 개인적으로 확인할게.

내가 보일 반응

편집성 성격장애자의 표현

내가 보일 반응

▎좋은 점을 찾아 진심으로 표현하자

자신을 보호하기 위해서 타인의 공격, 경멸, 비판에 예민하며 타인의 공격과 속임을 경계하는 것이다. 그가 덜 방어적이 되도록 그의 긍정적인 면을 찾아 표현해 보자. 당연히 의심 많은 편집성 성격장애자한테는 형식적인 것보다는 작지만 진정성 있는 표현이 더욱 효과적일 것이다.

▎너무 상처받지 마라

당신의 노력에도 불구하고 아무런 반응이 없거나 계속 당신을 불신할 수 있다. 그래도 너무 상처받지 마라. 그에게 누군가를 믿는다는 것은 거의 불가능에 가깝다고 보면 된다. 당신이 꼭 미워서라기보다는 그의 본능이다. 그는 아주 오랫동안 타인에 대한 깊은 불신을 학습하며 살았다. 자신을 보호하기 위한 장치이며 그가 아픈 것이니 당신이 그것으로 상처받을 이유가 없다.

▎피할 수 있다면 피해라

되도록 적당한 거리를 유지하려고 노력하는 것이 좋다. 그는 당신의 단순한 실수도 나쁜 의도가 있다고 생각한다. 가까워지는 계기가 있어도 자신만의 남다른 시선과 생각으로 자신의 의심을 확신으로 바꾸기 위해 상대에게 끊임없이 무리한 요구와 억지를 계속

부린다. 여기에 당신이 화를 내면 '역시나'라는 반응이 나온다. 그리고 자신에 대한 공격이라 생각하고 즉각 화를 내며 반격한다.

▌ 손해가 크다면 증거로 똘똘 뭉쳐 대응하라

만약 편집성 성격장애자의 의심에 휘말려 손해를 보았다 하더라도 어설프게 대응을 시작했다가는 더 큰 손해를 볼 수 있다. 그럴 때는 나와 비슷한 손해를 입은 사람들을 모아서 함께 대응하는 것이 필요하다. 또한 그를 상대하기 위해서는 감정적 호소보다는 객관적 증거자료가 훨씬 더 큰 힘을 발휘한다.

대 처 방 법

내가 편집성 성격장애로 의심된다면 …

당신은 어린 시절부터 불신과 부당한 대우를 받았을 가능성이 높다. 그래서 자신을 지키기 위해 상대의 말을 그대로 믿기보다는 의심하고, 억울한 일을 당하지 않기 위해 내 권리를 강하게 주장하는 것이다. 하지만 나를 잘 지켜줄 것이라 생각했던 그 방법들이 정도를 지나쳐서 나를 고립시키고 있다. 주변을 돌아보라. 그리고 자신을 돌아보자. 변하지 않으면 그나마 있던 주변 사람들도 당신을 떠날 것이다.

▌쓸데없는 생각을 떠올리지 마라

퇴근하고 집에 와서 잠자리 들기 전까지 오늘 있었던 일을 곱씹으며 '그 말은 무슨 의미였을까'를 고민하지 마라. 별 의미도 악의도 없다. 그가 당신에게 직접 건넨 말이 아니라면 당신의 추측은 그와의 관계에 아무런 도움이 되지 못한다. 쓸데없는 잡념이 솟구칠 때는 즉시 생각을 멈춰야 한다. 어떤 일이나 사람에게 지나치게 집착한다고 느껴지면 곧 주의를 분산시키고, 의미를 확대하지 않도록 자신을 일깨우는 것이 필요하다.

▌적당히 넘어가라

지금 엄청 화가 나는 일도 지나고 보면 아무것도 아닌 일들이 많다. 강하게 주장하고 물러서지 않는 것이 지금 당장은 이기는 것 같지만 길게 보면 그렇지 않은 걸 수도 있다. 꼬장꼬장하게 따지고 들고 하나도 손해를 보지 않으려는 행동은 주변 사람을 떠나게 한다. 불가피한 충돌이 생기더라도 화를 가라앉히고 좋은 표현으로 해결하자.

▌ 당신이 한 생각이 사실인지 검증해 보라

그럼에도 불구하고 의구심을 떨칠 수 없다면, 현실검증기법을 활용해 본다. 다만 따지거나 화를 내는 식이면 곤란하다. 정말 당신이 든 생각이 맞는지 점검하는 차원이어야 한다. 또한 당신의 생각과 다르다고 해서 '그가 거짓말을 하고 있다'고 생각해서는 안 된다. 더 나아가 그에게 자신의 솔직한 생각과 감정을 표현해 보는 것도 도움이 된다.

당신이 최근에 든 강한 의구심	확인하는 방법
후배가 나의 뒷담화를 하고 다니는 것 같다	
이번 프로젝트에 내가 못 들어간 것은 평소 나에게 감정이 안 좋은 김 과장이 팀장에게 나를 빼달라고 요구했기 때문이다	

이 부분은 3장 자동적 사고의 발견에서 보다 자세히 다룰 예정이다.

▌ 타인에 대한 시선을 조금만 바꿔보자

망치를 들면 주변의 것들이 다 못으로 보이듯, 적대적인 마음이 주변을 적으로 만든다. 그동안 주변 사람들의 부정적인 면만을 보면서 적대감을 키우고 있지는 않았는지 점검할 필요가 있다. 완벽한 사람은 없다. 그래서 당신 주변의 사람들은 단점도 있겠지만,

장점도 분명 있기에 그 직장의 그 위치에서 살아가고 있는 것이다. 사람의 단점을 찾는 것은 어려운 일이 아니다. 나와 다르고 불편한 점은 쉽게 눈이 띄기 때문이다. 하지만 상대방의 좋은 점을 발견해 내는 것은 관심과 애정이 필요하기에 쉽지 않다. 그러기에 연습과 훈련이 필요하다.

주변에 당신과 가장 불편한 사람을 떠올리고, 그 사람의 장점을 적어보자. 사람을 관찰하는 당신의 남다른 능력을 긍정적인 면을 찾는 데 발휘해 보자. 분명 다른 사람들은 발견하지 못하는 중요한 면을 당신은 발견할 수 있을 것이다.

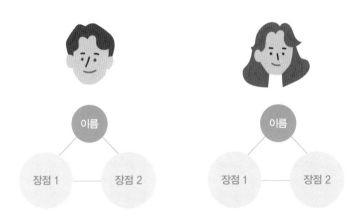

▌ 자신의 장애를 승화시켜라

편집성 성격장애가 있는 사람들은 남들은 무심코 지나가는 상대의 표정, 말투 등에서 의미를 찾아내고 상황과 관계를 보다 면밀히 살피는 능력이 있다. 이를 잘 활용한다면 타인의 기분을 민감하게 알아차리고 배려할 수 있는 능력으로 전환할 수 있다. 승부욕 강하고 상황을 그냥 허투루 넘기는 법이 없어, 변호사나 법조계 종사원, 관리직, 정치가나 참모로서 역량을 발휘할 수 있다.

2

내 말이 맞아.
내 말대로 해!

유형 2

강박성 성격장애
(Obsessive-Compulsive Personality Disorder)

강박성 성격장애 진단하기 ¶

다음 항목 중 4개 이상 해당이 된다면, 강박성 성격장애를 의심해 볼 수 있다.

❶ 일을 할 때 규칙, 목록, 순서, 세부사항에 몰두하여 정작 중요한 사안을 놓친다.
❷ 완벽함을 고집하다가 기한 내 임무를 다 수행하지 못한다.
❸ 자신의 일하는 방식을 고수하고, 다른 사람에게 일을 넘기거나 공동

작업에 참여하기를 주저한다.

❹ 일과 생산성을 위해 여가와 대인관계는 후 순위가 된다.

❺ 지나치게 양심적이거나 가치관, 도덕적 기준, 사회적 관습을 지나치게 고수한다.

❻ 사용하지 않는 등 소장가치가 없음에도 불구하고 물건을 버리지 못한다.

❼ 자신이나 남들에 대하여 금전 사용에 인색하다.

❽ 전반적으로 엄격성과 경직성을 보인다.

❾ 지나친 숙고와 조심스러움이 있다.

〈S기업 연구개발팀 홍○○ 차장 인터뷰〉

홍 차장 이번에 진행하는 프로젝트는 새로운 멤버들과 함께 진행하게 되었는데요. 그래서 고민이 많습니다. 저는 저랑 일하는 스타일 안 맞는 사람과 같이 일하는 게 너무 힘들어요. 계획대로 차근차근 꼼꼼하게 일하는 것이 좋은데, 많은 사람들이 그냥 되는대로 일한다고 해야 할까요? 계획도 없고, 절차도 없고요. 일하는 데 기본이 안 된 사람들이 너무 많아요. 어떻게 그렇게 일을 하죠? 그런데 문제는 그걸 지적하면 저보고 너무 까다롭다고 한다는 겁니다. 그렇게까지 할 필요가 없다고요. 처음 몇 번은 그들 스타일에 맞춰서 일을 해봤는데요, 전 안 되더라고요. 그래서 그냥 제 스타일대로 합니다.

정 박사 일을 할 때 가장 중요한 것이 무엇이라고 생각하세요?

홍 차장 저는 기본을 지키는 거라 생각합니다. 각자 자신의 위치에서 기본만 지키면 아무런 문제가 안 생겨요. 그런데 그런 기본이 안 된 사람들이 너무 많죠. 만약 모른다면 알려주는 대로 배우고 고쳐야 하는데 그런 사람들은 절대 남의 이야기를 받아들이려고 하지 않아요.

강박성 성격장애 파헤치기 ¶

강박성 성격장애는 사소한 세부사항이나 규칙에 집착하고, 완벽주의적이며, 지나치게 고지식하거나 자신의 방식을 고수하는 등의 완고한 성격이 특징적인 성격장애다. 강박성 성격장애는 완성도 높은 업무처리를 지향해서 실수가 적고 깔끔하게 일 처리를 한다. 또한 대인 관계나 일에서도 책임과 의무를 중요시해 성실하게 일하기 때문에 신뢰할 수 있는 사람이란 평을 듣는다. 자신의 분야에서 많은 업적을 이루기도 한다. 그러나 아래와 같은 요소들 때문에 변화에 빠르게 적응하기에 취약하고, 반복적인 일을 하는 데는 뛰어나나 창의적인 일은 한계가 많고, 타인과 협업하기 힘들다. 여성보다는 남성에게서 좀 더 많이 나타나는 것으로 보고되고 있고, 일반

인구에서 가장 흔한 성격장애 중 하나로 유병률은 2.1~7.9%로 추정된다.

진단기준 1 일할 때 규칙, 목록, 순서, 세부사항에 몰두하여 정작 중요한 사안을 놓친다.

학창시절 시험을 앞두고 책상에 앉아 본격적인 공부를 시작하기 전에 자신만의 의식을 치르는 사람들이 있다. 책상을 청소하거나, 새로운 필기구를 위해 쇼핑을 하거나, 머리 감기와 손톱 깎기 등 위생 점검을 하는 등의 행동이다. 다른 사람들이 봤을 때는 저 시간에 한 자라도 더 보지 싶지만, 당사자는 이런 의식을 치르지 않으면 공부에 집중할 수가 없다. 시간이 부족해도 시험 범위를 처음부터 끝까지 다 보려고 하는 면도 있다. 범위 안의 내용은 한번은 다 봐야 한다는 생각에 사로잡혀 정작 시험에 나오는 부분에 대한 암기 시간을 허비한다. 일을 할 때도 마찬가지이다. 남들이 봤을 때는 저것을 왜 하고 있나 싶은데, 당사자는 그것을 하지 않으면 결코 다음으로 넘어갈 수 없다. 기획안 작성 전 자료를 검색할 때도 구글로 검색된 마지막 페이지까지 모두 확인을 해야 한다거나, 파워포인트 작성할 때 페이지들 간의 일관성이나 글자와 로고들의 위치에 과도하게 집착한다. 세부적인 사항에 대한 집착으로 인해 일의 핵심을 처리할 시간을 허비한다. 또한 전체적인 그림을 볼 능력이 부족해 궁극적으로는 일에 대한 결단력, 판단력이 떨어진다. 어떤 일을 먼저 해야 할지, 어떤 방법으로 해야 최선인지를 결정하는 데 시간이 너무 많이 들어 결국 어떤 것도 시작하지 못하거나, 가장 중요한 일을 오히려 맨 나중에 하도록 미루어 놓는다. 항상 능률과 완전함을 추구하지만 그것을 달성하는 경우는 매우 드물다.

—

K 공단 법무 관련 업무를 담당하는 박○○(남, 39세) 과장은 현재 같은 업무를 8년째 하고 있다. 동료들로부터 일에 헌신적이며, 완벽하다는 평이 많다. 보고서의 내용도 중요하지만 오탈자, 띄어쓰기, 줄 간격 등 형식에 어긋난 보고서를 용납할 수 없어서 몇 번을 꼼꼼히 살핀다. 그 바람에 항상 시간이 부족한 박 과장은 야근과 주말 근무로 마감일을 맞춰왔다. 그래서 최근 회사의 정시퇴근 장려정책이 여간 부담스러운 게 아니다. 하지만 근무 장소가 집으로 바뀌었을 뿐 업무시간은 줄이지 못하고 있다. 후배들의 일하는 스타일에 불만이 많아 지적하는 일이 잦다 보니 후배들 사이에서 꼰대로 유명하다. 개인적 모임은 물론 친구도 거의 없고, 집에서도 아이들을 자신이 정한 원리원칙대로 양육하고 작은 잘못에도 너무 엄격하여 아내와 마찰이 잦다.

진단기준 2 완벽함을 고집하다가 기한 내 임무를 다 수행하지 못 한다.

업무 목표를 설정할 때 비현실적이고 과도하게 설정하는 경향이 있다. 그리고 완벽주의적 성향과 세부사항에 대한 집착이 목표를 달성하는 데 도움을 준다고 착각하는 경우가 많다. 또는 도움이 되지 않는다는 것을 알면서도 완벽하게 끝마치지 못하면 불안감과 우울감이 들기 때문에 지속하기도 한다. 효율적인 삶을 살고 싶어 하나, 본인의 이런 성향과 집착으로 매우 비효율적인 삶을 살기 십상이다.

⊂⊃

M 산업교육기관 강사로 근무하는 신○○(여, 48세) 씨는 정리의 신으로 불린다. 자신이 강의하는 강의 슬라이드는 물론 강의 매뉴얼, 관련 자료 정리까지 완벽하게 정리한다. 강의가 끝나고 나면 강의를 진행했던 업체와 학습자 정보 및 특이사항까지 모두 기록해 둔다. 하지만 문제는 새로운 과정을 개발하고 준비하는 데 너무 많은 시간이 소요된다는 것이다. 한번은 새롭게 론칭하는 강의가 있어 2달 전부터 준비하였는데, 일주일을 앞두고 강의를 못 할 것 같다고 강사실 실장에게 보고했다. 다른 일 등이 겹치면서 준비가 제대로 되지 않았다는 게 이유였다. 조금 부족해도 일단 한번 해보

고 보완해 나가면 된다고 실장과 주변 동료들이 설득하였으나, 끝내 그는 그 강의를 포기했다.

진단기준 3 자신의 일하는 방식을 고수하고, 다른 사람에게 일을 넘기거나 공동 작업에 참여하기를 주저한다.

자신의 완고한 기준과 방식대로 상황을 조절할 수 없을 때 불안해하고 분노를 느낀다. 자신의 경험을 바탕으로 상대에게 조언한다고 생각하지만, 결국에는 내 방법이 옳으니 그냥 따르라는 식으로 행동한다. 소위 '꼰대짓'을 많이 한다. 또한 다른 사람이 자기처럼 일을 정확하게 할 수 없다고 생각해 맡기지 못하며, 주변의 조언과 충고를 듣지 않는다. 이 때문에 본인도 주변 사람도 함께 일하기를 힘들어한다.

⊏⊐

B 은행에서 경영지원 업무를 하는 전○○(남, 33세) 씨는 자신만의 업무 규칙이 있다. 예를 들어 근무시간 중에는 15분씩 두 번만 휴식을 위해 자리에서 일어난다거나, 책상 위에는 현재 작성 중인 자료 이외에는 아무것도 없어야 한다는 식이다. 오전 중에는 업무 관련된 것을 포함해 어떠한 메신저에도 답을 하지 않는다 등의 규칙도 있다. 전 씨는 업무 특성상 혼자서 하는 일이 많고 그것이 잘

맞다. 하지만 간혹 팀 업무가 있을 때 전 씨는 너무 힘들다. 사람들은 전 씨가 과도하게 규칙과 규정을 엄수하려고 집착하는 바람에 팀워크가 자주 깨진다고 말한다. 지나친 완벽주의는 함께 하는 팀원을 짜증스럽게 만들었다. 하지만 지금은 여러 시행착오 끝에 팀원들도 그와 함께 일하는 방법을 안다. 팀원들은 전 씨와 대립하며 다투기보다 전 씨가 모든 일을 하게 내버려 둔다. 때가 되면 맡겨진 과제는 해결될 것이고 결과물 또한 평타는 치기 때문이다.

진단기준 4 일과 생산성을 위해 여가와 대인관계는 후 순위가 된다.

성실한데다 대단한 노력가라서 모든 일은 정성을 들인 만큼 반드시 성과나 보답을 얻는다는 확신을 갖고 있다. 또한 완벽을 추구하는 업무 스타일 때문에 매번 처리 속도가 늦어지고, 마감일을 못 맞추는 일이 계속되면 그것을 끝내기 위해 개인 시간을 들이기 시작한다. 성향 또한 자신의 일이 완수되지 않으면 여가를 즐길 수가 없다. 그래서 여가와 대인관계를 포기한 채 일에만 지나치게 매달린다. 일에 대한 열정을 넘어서 삶에 휴식이 없으며, 막상 시간이 남아도 어떻게 즐겨야 하는지를 잘 모른다. 그러나 가장 큰 문제는 이런 모습을 부하직원을 비롯 주변 사람들에게까지 강요한다는 사실이다. 사람들이 게으르고 자신의 일에 최선을 다하지 않는다 생각하며 분노하는 모습도 자주 보인다.

D사의 국내영업팀 유○○(남, 48세) 팀장이 그렇다. 세련된 외모에 자기 관리를 잘하는 모습(오전에는 항상 책상 높이를 높이고 서서 근무하는 등)에 한 다리 건너 근무하는 사람들은 유 팀장을 보통 꼰대들과 다른 깨어있는 리더로 본다. 하지만 그 팀의 3/4이 유 팀장 때문에 퇴사를 결심할 정도로 팀원들 사이에서 그는 악명이 높다. 팀원들이 주말 동안 추진 중인 자신의 일을 완전히 잊고 온전히 휴식을 취할 수 있다는 것에 의아해한다. "명절처럼 긴 연휴는 쉬는 날이 아니라 그동안 못한 일 하는 날이다"라고 말한다. 사람들은 그를 피해 사라지지만 유 팀장은 요즘 직원들은 나약하다는 말을 입에 붙이고 산다.

진단기준 5 **지나치게 양심적이거나 가치관, 도덕적 기준, 사회적 관습을 지나치게 고수한다.**

평소에 도덕적으로 철저하고, 자신을 억제하고, 스스로에게 엄격하다. 선과 악, 올바른 것과 잘못된 것이 흑백처럼 분명해서 잘못을 범하는 것은 악이라는 강한 신념이 있다. 자기 편한 대로라든가 제멋대로라는 표현은 이 사람과 거리가 멀다. 이성을 중시하여, 충동적인 행동을 하는 사람을 몹시 싫어한다. 겉으로 보기에는 성실한 모범생의 모습을 보이고, 사회적으로 성공을 하기도 한다. 사회적 관습(나이, 학력, 직업)을 심하게 따져서 대인관계는 수평적인 것보다는 지배와 복종의 수직관계로 유지된다. 자신이 윗사람에게 깍듯한 모습을 보이면서도, 사회적 관습과 권위에 대한 강한 의심을 품는다. 반면 아랫사람들에게는 철저히 대우받기를 기대한다.

진단기준 6 사용하지 않는 등 소장가치가 없음에도 불구하고 물건을 버리지 못한다.

지금은 필요가 없지만 '만일의 경우'를 대비해 수십 년씩 버리지 못한 물건들이 많다. 이들의 집에 가보면 오래된 옷과 신발이 가득한데 대부분 매우 낡고 10년 이상 된 것들이 많다. 몇 년이 지난 신문이 구석구석에 쌓여있고, 같은 종류의 물건들이 여러 개씩 나오기도 한다. 불필요한 물건들이 가득하다. 이러한 성향 때문에 가족을 비롯한 주변 사람들을 고통스럽게 하며 자주 갈등을 빚는다.

⊂⊃

P 건설회사 손○○(남, 53세) 부장은 물건을 쌓아두기로 유명한데, 본인 자리뿐만 아니라 회의실 사물함까지 대부분의 짐이 손 부장 개인 물품들이다. 한번은 손 부장의 부서가 다른 층으로 이동하게 되었는데 팀원들이 손 부장의 짐만 온종일 옮겨야 했을 정도다. 수십 년이 지난 건설 관련 잡지에서부터 8년 지난 팀 회식 영수

증까지 어느 하나 버리지 못하고 보관하고 있다.

진단기준 7 자신이나 남들에 대하여 금전 사용에 인색하다.

돈에 매우 민감하며 돈 씀씀이가 매우 인색하다. 경제적 여유가 있음에도 불구하고 만일의 상황에 대비하여 저축해 두어야 한다는 생각으로 인해 자신과 가족을 위해서 돈을 쓰지 못한다. 자신에게 돌아오는 이득이 없으면 시간이나 선물을 제공하는 데 인색하다. 법인카드가 아니면 자신의 돈으로 후배들의 커피나 밥을 사는 일은 결코 없다.

⬭

고등학교 교장인 이○○(남, 50세) 씨는 최근 부인의 이혼 요구에 고민이 많다. 결혼 초기부터 전업주부인 아내에게 생활비를 주면서 매일 가계부를 쓸 것을 요구했다. 15년이 지나 저축도 늘었고, 집도 장만하면서 어느 정도 경제적인 안정을 찾자 아내는 자신에게도 경제적 여유를 달라고 요구하며 가계부 쓰는 것을 그만하고 싶다고 했다. 하지만 그 후 5년이 지난 지금까지도 이 씨는 경제권을 넘기지 않았다. 얼마 전 아내는 "당신과 살면서 변변한 옷 한 벌이 없고, 남들 다 가는 해외여행 한번 못 가봤어요"라며 이제 이혼해서 남은 여생은 좀 즐기며 살고 싶다고 말했다. 이 씨는 '아직 애들에게 들어갈 돈이 더 필요하고, 나이 들면 병원 갈 일이 많은데 그렇게 막 즐길 여유는 없다'고 말하며, 아내의 생각 없음에 황당해했다.

진단기준 8 전반적으로 엄격성과 경직성을 보인다.

업무를 할 때 경직되고, 사무적이며, 융통성이 없다. 돌발적인 일은 불쾌한 사건일 뿐이고, 기존 방식이나 예상한 대로가 아닌 갑작스럽게 무언가를 변경해서 하는 것이 원활하지 않다. 즉 융통성과 타협이 필요한 상황에서 쉽게 어려움을 겪는다. 규정이나 매뉴얼대로 일하는 것을 좋아한다. 임기응변에 서툴러서 정해진 문구나 대사가 아니면 말하는 것이 불안하다. 또한 느긋하게 있지를 못하고 끊임없이 무언가를 찾아서 하지만, 그것이 좋아서 한다기보다는 강박 때문에 하는 경우가 많이, 즐기지 못한다. 즐거운 여행준비도 강박성 성격장애자가 하면 압박감을 주는 일거리가 된다. 따라서 창의적이고 자유로운 발상을 하기 어려워 기존의 업무나 사고방식에서 벗어나기 힘들다. 민첩함과 유연성이 요구되는 업무에 어려움을 겪으므로 활동무대가 제한된다.

대인관계 면에서는 주위 사람으로부터의 비판에 대하여 지나치게 민감하고, 특히 직장에서 자신보다 높은 위치에 있는 사람이나 권위적 존재로부터 비판을 받았을 때는 더욱 민감하게 반응하는 경향이 있다. 공감 능력이 떨어지고 감정표현을 억제하는 경향이 강하여 부드러운 감정표현, 칭찬, 농담을 거의 하지 않거나 미숙하다. 반면 부하직원의 실수는 빠르게 찾아내고 매우 직접적인 방식으로 지적한다. 강박성 성격장애자는 가족들에게 지나치게 헌신하는 면이 있는데, 그럼에도 불구하고 정서적으로는 냉담하여 가정생활도 성공적이지 못하다. 예를 들어 자녀에 대한 사랑과 관심으로 자녀에게 많은 조언과 충고를 하지만 그 방식이 강한 주입식이라 정작 가족들은 숨 막혀 한다. 또한 정작 자녀가 노력해도 그다지 칭찬하지 않는다. 매사에 합리적이고 계획적인 것처럼 보이지만 일이나 대인관계에서 만족감과 즐거움을 경험하는 경우가 매우 드물고, 오히려 이러한 감정을 억제하거나 철회시키고 일에만 집중한다.

진단기준 9 지나친 숙고와 조심스러움이 있다.

늘 계획을 세우고 최선을 다해 준비함에도 불구하고 예상치 못한 변수가 있을까 불안해하고 실수를 두려워한다. 완벽해야 하고 혹시 모를 상황을 계산해 대비책을 세우느라 늘 시간에 쫓기고 마음은 바쁘다. 항상 최악의 경우를 생각하고 있기 때문에 조심성이 많아서 신임을 받기도 하나, 사소한 실수에도 크게 낙심한다. 또 완벽한 결정을 해야 한다는 부담감 때문에 정작 결정을 해야 하는 순간에는 주저하고 망설이는 우유부단한 모습을 보인다. 자신을 불신하며 자신감이 아주 낮은 경우가 많아서, 타인이 자신에게 내린 (긍정적) 평가를 신뢰하지 못하고 자신에게 낮은 평가를 내린다. 타인과 자신을 비교하면서 자신을 비하하며 부정적으로 생각한다. 성과를 내지 못하면 자신감을 상실하기 때문에 성취해낼 수 없다고 판단되는 일은 아예 시도하려 들지 않는다. 또한 타인에게 충성, 순응하려는 태도 밑에 공격적인 성향을 품고 있어서 평소에는 온화하고 침착한 사람이지만 순간 돌변하여 비판적이고 분노에 찬 모습을 드러낸다.

강박성 성격장애 원인 찾기 ¶

강박성 성격의 형성과 가장 밀접한 관련이 있는 것은 부모의 과잉 통제이다. 부모는 아이가 하지 말아야 할 것을 엄격히 통제하고, 부모의 규칙과 규율을 엄격하게 지키는 것을 학습시킨다. 아이는 바람직하지 못한 행동을 했을 때 가해지는 부정적 처벌을 피하기 위해 자신을 억제하며 성장한다. 예를 들어 경박해 보이는 놀이나 충동적인 행동은 무책임한 것으로 교육받는다. 그러나 이들은 무엇을 하지 말아야 하는가에 대해서만 잘 알고 있을 뿐 자신이 무엇을 할 수 있는지에 대해서는 잘 모르는 경우가 많다. 자율적으로 행동하는 것을 학습하지 못했기 때문이다. 이들이 능력을 발휘할 수 있는 영역은 매우 협소해지고, 새롭고 예상할 수 없는 사건을 다루는 것에 대해 두려움을 느낄 뿐 아니라 새로운 것에 도전할 용기도 결핍된다. 이런 양육방식은 아이들을 기준과 원칙에 집착하고 늘 실패를 두려워하며 자신을 비관하고 만족감을 느낄 수 없는 강박적인 사람으로 성장시킬 가능성을 다분히 안고 있다.

강박성 성격장애자의 부모를 보면 매우 유사한 경향을 보인다. 이는 강박성 성격장애를 가진 부모를 둔 아이가, 생활하는 과정에서 무의식적으로 부모의 행동과 사고를 학습한 경우가 많기 때문이다. 최근에는 사회 환경도 원인으로 주목받고 있다. 대표적인 이유로 스트레스가 꼽힌다. 스트레스가 심한 상황에서 모든 일을 완벽하게 처리하면 안전할 것이라는 심리에서 강박적으로 완벽주의를 추구한다는 주장이다. 불확실한 미래를 강조하며 더 많은 스펙을, 더 많은 능력을 요구하는 사회 환경 때문이라는 전문가 분석이 있다. 더 완벽해야 살아남을 수 있고, 살아남아도 실수하면 실패할 수 있다는 불안감이 강박성 성격장애를 키운다는 것이다.

비슷해서 헷갈리는 다른 증상들 ¶

1 강박성 성격장애 VS 강박장애

강박성 성격장애는 강박장애Obsessive-Compulsive Disorder와 완전히 다른 질환이다. 강박성 성격장애는 완벽주의적이며, 사소한 세부사항이나 규칙에 집착하고 자신의 방식을 고수하는 등의 완고한 성격이 특징적인 성격장애이다. 그러나 강박장애는 반복적인 어떤 생각이나 행동을 통해 그 내면에 있는 불안을 지우려는 것으로 신경증의 일종이다. 사람이 아닌 자기 주변의 사물, 생각 등에 반복적이고 원하지 않는 강박적 사고Obsession와 강박적 행동 Compulsion을 특징으로 한다. 손 씻기, 정돈하기, 확인하기, 숫자 세기, 속으로 같은 단어 반복하기 등의 증세가 있을 수 있다.

구분	강박성 성격장애	강박장애
병식(病識)*	자신의 행동에 문제가 있다고 생각하지 않는다. 따라서 자신의 행동을 바꿀 생각이 없다. 이런 지속적 행동으로 주변 사람들만 괴롭다	자신의 강박적 사고가 부적절하다 느끼고, 불편해한다. 또한 이런 행동을 멈출 수 없어 괴롭다
주변의 반응	"자신의 생각을 너무 강요한다" "숨 막히게 한다"	"너무 확인을 많이 한다" "자주 불안해하는 모습이 약간 거슬린다"

영화 〈플랜 맨〉의 '정석'과 정석이 좋아하는 '지원'은 겉으로 보면 같은 질환을 가지고 있는 것처럼 보이나 실제로는 다르다. 정석은 스스로를 '부지런하고 깔끔하며 일 처리가 완벽한 사람'으로 인식해서, 그렇지 못한 주변 사람들의 행동을 이해하지 못한다. 또한

---

* **병식(病識)** 현재 자신이 병에 걸려 있다는 자각

자신의 행동을 주변 사람들에게 강요한다. 예상하지 못한 상황을 매우 불편해하는 모습도 보인다. 정석은 전형적인 강박성 성격장애이다. 물론 정석의 오염에 대한 지나친 강박적 행동은 강박장애로 보일 수 있으나, 청결에 대한 집착은 '사람은 청결해야 한다'는 그의 생각에서 비롯된 것이지, 병에 걸릴지도 모른다는 불안에서 온 것이 아니라는 점에서 차이가 있다. 반면 지원의 강박적 행동은 더러움에 대한 불안에서 시작되었으며, 스스로 그 행동에 불편함을 느끼지만 멈출 수 없는 자신 때문에 괴로워한다. 지원은 강박장애다.

2 강박성 성격장애 VS 편집성 성격장애

강박성 성격장애와 편집성 성격장애의 공통점은 건실하고 고지식한 면을 들 수 있다. 그리고 둘 다 자신의 생각에 대한 강한 확신을 가진다. 차이점은 그 '강한 확신'의 생각이 편집성 성격장애는 '타인은 믿을 수 없는 존재라는 강한 확신'이라면, 강박성 성격장애는 '자신의 생각과 방식만이 옳다는 강한 확신'이란 점에서 차이가 난다.

이 두 가지를 모두 가진 사람이 조선 시대의 왕 영조이다. 영조는 숙종과 인현왕후를 모시는 무수리 출신 숙빈 최 씨 사이에서 태어났다. 경종(형)이 재위하던 기간에는 살아남기 위해 처신을 조심해야 했고, 경종이 죽고 나서는 자신이 경종을 죽였다는 의심까지 받았다. 또한 영조의 생모 숙빈 최 씨가 과부였기 때문에 숙종의 아들이 아니라 최 씨의 전남편의 아들이란 의혹을 주장하는 세력에 의해 '이인좌의 난'이 일어나기까지 했다. 평생 영조는 정통성에 대한 상당한 콤플렉스를 가졌다. 따라서 31세 즉위 후 52년간의 장기 집권 동안 치적도 많았지만 왕권을 지키고 콤플렉스를 덮기 위한 과오도 많이 저질렀다. 대표적 사건으로는 임오화변(사도세자의 뒤주 사건)이 있다. 늦둥이 아들이었던 사도세자는 일찍 세자로 책봉되었으나 영조의 정서적 학대로 정신병 증세를 보이기 시작했고, 끝내 영조는 그를 뒤주에 가둬 죽인다.

영조는 자신의 출신을 극복하기 위해 공부와 일에 매진하였으며, 자신의 아들 또한 자신처럼 열심히 노력하길 강요했다. 어린 사도세자의 영특함을 발견하고 기대감이 컸으나 성장하면서 글공부를 게을리하자 매몰차게 돌변한다. 또한 자신에 대한 확신이 강해 자신과 다른 견해의 말을 들으면 "좋지 못한 소리를 들었다"며 물로 귀를 씻거나, 궁 안에서 지나다니는 출입문을 다르게 하는 등의 행동을 하였다. 또한 태생적 열등감과 권력을 잡기 위해 자신을 둘러싸고 일어나는 일련의 사건들을 겪으며 주변의 아무도 믿지 못했다. 신하는 물론 아들인 사도세자조차도 자식이 아닌 왕위를 위협하는 대상으로 여겼을 가능성이 높다. 끊임없이 아들과 신하의 충성을 시험하며, 소론 세력들에게는 자신은 보위에 미련이 없는 임금임을 보여주기 위한 일종의 정치 쇼를 한 것이다.

주변에 강박성 성격장애자가 있다면 …

▐ 역할을 명확히 하라

강박성 성격장애를 가진 후배직원에게 일을 줄 때는 업무의 범위와 역할을 명확히 하는 것이 좋다. 그렇지 않으면 완벽주의적 욕구가 발동하여 업무를 제대로 시작하지 못하거나 엉뚱한 곳에 시간을 낭비하고 있을 가능성이 높다. 그가 해야 할 일의 범위를 좁혀주면 그 범위 내에서는 누구보다 깔끔하고 성실하게 수행해 올 것이다. 중요한 결정을 내려주는 것도 도움이 된다.

▐ 다양한 선택의 폭이 있음을 일깨워 주어라

강박성 성격장애자들은 '반드시', '꼭', '무조건'이란 표현을 자주 사용하며, 행동도 그러하다. 그들의 생각과 방식을 인정해 주되 선택의 여지가 얼마든지 있음을 일깨워 줄 필요가 있다. 삶의 방식이 다양하듯 일하는 방식도 다양하며, 협업해야 하는 일은 팀원들과 보조를 맞춰 자신의 방식도 조절해야 한다. 일을 완벽하게 하는 것도 중요하지만 마감이 촉박하면 적정선에 만족하고 다음으로 넘어가는 것도 중요할 수 있음을 경험시킬 필요가 있다.

▮ 실수에 관대하라

완벽주의적 성향은 실수에 대한 두려움에서 비롯되는 경우가 많다. 타인의 시선, 비난에 대한 두려움이 그를 더욱 강박적으로 만들 수 있다. 당신의 좀 더 친절한 설명, 업무의 적절한 안배, 수행한 성과에 대한 따뜻한 칭찬, 사려 깊은 피드백이 그를 좀 더 자유롭게 할 것이다.

▮ 명확히 소통하라

강박성 성격장애를 가진 고객을 상대해야 한다면, 구체적인 수치나 결과들로 설명하고 오해를 피하는 전략이 좋다. 한계점도 명확히 해놓고 시작하는 것도 방법이다. 강박성 성격장애를 가진 고객 중에는 자신의 이익만을 위해 터무니없이 가격을 깎거나 과도한 서비스를 요구할 수 있다.

▮ 정서적 교감에 대한 기대를 낮춰라

강박성 성격장애를 가진 상사를 만난다면 그와의 정서적 교류에 대한 기대치를 낮추는 것이 좋다. 다른 사람의 상황을 공감하고, 감사함과 따뜻함을 표현하는 것에 인색하다. 그는 돈에 인색한 것만큼 감정에도 인색하다.

▌ 그로 인해 당신의 가치를 의심하지 말라

강박성 성격장애자는 자신만의 기준으로 상대방의 능력을 평가하고, 자신이 정한 수준에 미치지 못하면 무시하는 행동을 일삼는다. 당신에게 과도한 희생을 강요하며, 자신이 추구하는 완벽함을 충족시켜 주지 못하면 평가절하할 것이다. 그가 상사인 관계로 아예 무시할 수 없다면, 그의 그런 발언으로 당신의 가치를 의심하지 말아야 한다. 그를 상사로 안 만날 수 있는 방법을 찾는 것도 아주 좋은 방법이다.

대 처 방 법

내가 강박성 성격장애로 의심된다면 …

▌ 현실적 목표를 세우고 실행에 속도를 높여라

완벽주의적 성향이 목표 달성에 도움을 준다는 강한 생각을 내려놓을 필요가 있다. 완벽주의를 추구하는 사람은 나무 하나하나에 집중하다 보니 숲 전체를 볼 여력이 없다. 또한 인간은 완벽할 수 없는데, 비현실적이고 과도한 목표를 세우고 스스로를 다그친다. 그리고 다른 사람이 그 기준에 미달할 경우 몰아세우고 비난한다. 이런 면은 매번 자신에게 과중한 스트레스를 줄 뿐만 아니라 주변 사람들마저도 당신과 일하는 것을 끔찍하게 생각하도록 만들 것이다.

또한 일을 하기 전에 당신은 이것저것 생각할 것도 준비할 것도 너무 많다. 함께 일하는 사람들이 보면 꾸물거리고 일을 질질 끌다가 마감이 임박하면 허겁지겁 진행하거나 또는 마무리를 포기하는 것으로 보이기도 한다. 과제를 받아들고 완벽히 정리되었을 때 시작하면 이미 늦은 경우가 많다. 윤곽이 좀 잡히면 일단 시작하고 수정·보완하면서 가야 한다. 보고서 작성 시, 모든 자료가 준비되지 않았어도 마감 일정을 고려하여 더 이상 자료 찾는 것은 일단 멈추고 보고서 작성을 시작하여야 한다.

▌ 사람마다 다르게 살아가는 방식을 존중하라

사람마다 주어진 환경은 다 다르며 주어진 시련도 다르다. 당연히 살아오면서 경험이 다를 수밖에 없다. 당신이 열심히 살아온 방식은 현재 당신을 있게 했지만, 내 옆에 있는 그 사람 또한 자신의 방식으로 지금 그 자리에 존재하는 것이다. 그의 방식이, 삶의 태도가, 가치관이 당신 마음에 들지 않는다 하더라도 그것은 그 사람의 선택이다. 당신의 방식을 강요하지 말라. 세상을 잘 살아가는 방식은 다양하며 무엇이 옳다 그르다 판단할 기준이 없다. 따라서 당신이 주변에 강요하고 있는 그 방식만이 정답은 아니다.

당신은 '~은 해야 한다'와 '~은 해서는 안 된다'의 기준이 뚜렷하다. 그리고 그것을 지키지 못하면 죄책감과 우울감을 느낀다. 또한 다른 사람에게 이를 요구하며 구속과 통제를 한다. 그리고 그것이 통하지 않으면 분노와 경멸을 느낀다. "넌 어떻게 지각을 할 수 있니?", "넌 어떻게 맡은 업무를 마무리도 안 짓고 퇴근할 수 있니?". 물론 맞는 말이다. 하지만 상황과 입장에 따라 여유 있게 볼 필요도 있다. 반드시 해야 한다는 압박에서 벗어날 수 있다면 좀 더 자유롭고 여유로워질 것이다.

당신의 '반드시'가 발동할 때, 다음의 질문 '왜 해야 하는가? 꼭 해야만 하는가?'에 대해 스스로 답해 보자.

당신의 요구사항	예시 (회사에서 팀원들에게) 출근할 때 반바지를 입지 마라
왜 해야 하는가?	근무복은 깔끔해야 한다, 고객을 만날 때 예의가 아니다
꼭 이 방법으로만 해야 하는가?	아니다! 업무 복장은 완전히 엉망만 아니라면 깔끔함보다 업무하기에 편한 것이 더 중요하다. 그리고 깔끔한 반바지도 있다. 고객을 안 만나는 날이 더 많다. 너무 요란한 반바지만 아니면 고객을 만나지 않는 날에는 반바지를 입어도 된다

'반드시 해야만 한다'에서 '하면 좋다' 또는 '해주면 좋다'로 바꿔라. 상대에게 권할 순 있지만 선택권은 상대방에 있음을 인정하라.

그동안 회사에서 집에서 강하게 주장했던 자신의 사례를 넣어서 생각해 보자.

당신의 요구사항	
왜 해야 하는가?	
꼭 이 방법으로만 해야 하는가?	아니다!

▌삶에 여유를 추가하라

일 중독자들이 많아서 취미 등 여가생활은 거의 하지 않으며, 가족 활동을 비롯한 대인관계는 최소한만 하고 사는 경우가 많다. 마음에 여유가 없어서 휴식 자체를 잘 못 취한다. 주말 동안 텔레비전을 보면 '너무 시간 낭비 아닌가?' 하는 생각이 들기 시작한다. 취미생활을 하려고 하다가도 '지금은 이렇게 여유 부릴 때가 아니야'라고 생각하고, 모임도 '바쁜 거 끝나고 만나야지'라고 미룬다. 하지만 그 여유 있는 시간은 강박성 성격장애자에게는 결코 오지 않는다. 하루에 한 가지씩이라도 긴장을 풀 수 있는 휴식과 즐거움을 스스로 찾아 활동하기를 권한다.

▌긍정적 사고로 전환하라

작은 실수에 매몰되어 다른 긍정적인 면을 놓치는 경향이 있다. 실수만 찾아내 지적하고 긍정적인 면을 보지 못하는 사람은 본인을 비롯한 주변 사람을 힘들게 한다. 지적을 하나 했으면 반드시 잘한 점도 함께 언급하자. 부하직원의 보고서 내용에 보완점이 있어 보인다. 이때 보완점을 지적하면서, 보고서 내용 중 잘한 점도 찾아서 함께 언급하는 것이다. 자신에게도 매끄럽지 못한 면만 힐책하기보다는 잘한 점도 생각해서 스스로 다독여 주는 것이다. 이것은 글로 쓰면 효과가 배가된다.

오늘 사건	2시간 동안 회의를 진행했는데, 결국 아무런 결론이 나지 않은 채 끝나버렸다
보완할 점	회의 논의 사항을 사전에 배포해서 회의 참석자들이 안건에 대해 미리 고민해 보고 올 수 있도록 하겠다
잘한 점	발언권을 다양하게 주었더니 평소 의견을 내지 않았던 박 대리와 김 주임도 의견을 말하였다 결론은 나지 않았지만 팀원들에게 프로젝트의 취지와 중요도가 충분히 인식되었다

오늘 사건	
보완할 점	
잘한 점	

▌ 책임감, 의무감을 좀 내려놓아라

강박성 성격장애자는 무엇이든 한번 시작하면 끝장을 보거나 최선을 다한다. 그러다 보니 정작 어떤 것도 즐길 수가 없다. 여행을 가더라도 너무 열심히 준비해서 여행 떠나기 전부터 지치는 것이다. 삶을 대충 살자는 말이 아니다. 반드시 해야 한다는 의무감에서 벗어나자는 것이다. 책을 한번 읽기 시작하면 반드시 끝까지 읽어야 한다는 생각을 가진 사람이 있다. 물론 그렇게 하면 좋다. 하지만 반드시 해야 한다는 생각이 즐거운 책 읽기 시간을 힘들게 하거나, 아예 시작도 못하게 만든다. 무슨 모임이든 한번 시작하면 반드시 참석해야 한다는 의무감이 있다면, 그 모임이 부담스럽다. 그냥 '하면 좋다'로 바꾸면 어떨까? 책을 끝까지 읽으면 좋지만 다 못 읽어도 좋다. '되도록 모임에 참석하면 좋지만 상황이 여의치 않으면 (욕 먹더라도) 안 가도 좋다'는 식이다. 그래야 그 행동에서 자유로워지고 진정 그것을 즐길 수 있다. 과도한 책임감과 의무감이 줄어들면 오히려 그 행동의 본질이 보인다.

▌ 능력을 발휘할 직업/직무를 선택하라

검사, 경찰, 군인, 의사, 활자 교정, 과학수사관 등의 정신적, 사회적, 도덕적으로 완벽을 요하는 특화된 직업군에 종사하게 되면 바람직한 형태로 발현되기도 한다.

3
그냥 혼자가 좋아!

조현성 성격장애
(Schizoid Personality Disorder)

조현성 성격장애 진단하기 ¶

다음 항목 중 4개 이상 해당이 된다면, 조현성 성격장애를 의심해 볼 수 있다.

❶ 가족의 일원이 되는 것을 포함하여 친밀한 관계를 원하지도, 기뻐하지도 않는다.

❷ 가족 이외 친한 친구나 믿을 만한 상대가 없다.

❸ 항상 혼자 하는 활동을 택한다.

❹ 성관계에 관심이 거의 없다.

❺ 거의 모든 분야에서 즐거워하는 활동이 극히 드물다.

❻ 다른 사람들의 칭찬이나 비난에 무관심하다.

❼ 감정적으로 냉담하고, 무관심하며, 무미건조하다.

<　S공단 엔지니어 최○○ 과장 인터뷰　>

최 과장 저는 현재 저의 일이 마음에 들어요. 입사하고 2년은 다른 지역에 있다가 여기로 배치받은 지는 한 5년 정도 되었어요. 다들 꺼려하는 자리였는데 저는 좋더라고요. 딱 제 자리를 찾은 거 같아요.

정 박사 어떤 점이 가장 마음에 드세요?

최 과장 산림자원 운용을 계획하고 관리하는 일을 하는데, 일의 특성상 근무지가 지방 외곽에 있어요. 사람이 거의 없죠. 조용하고…. 전 사람들 북적이는 곳이 싫어요. 그냥 조용히 혼자 있는 것이 좋아요.

정 박사 직장동료들과의 관계는 어떤가요?

최 과장 동료요? 사무실에 저 외에 2명이 있는데요, 저 말고는 자꾸 사람이 바뀌어요. 그리고 업무상 같이 하는 일이 없어서 서로 잘 몰라요.

정 박사 가족관계에 대해 여쭤 봐도 될까요?

최 과장 결혼한 지 7년 정도 되었어요. 결혼하고 석 달이 안 되었을 때 지방으로 오게 되어 그 뒤로 쭉 주말부부입니다. 거리가 멀어서 한 달에 한 번 정도 집에 올라갑니다.

정 박사 아내분은 어떻게 만나셨어요?

최 과장 결혼할 생각은 별로 없었는데 제가 장남이라 부모님의 성화에 결혼했죠. 맞선보고 결혼식까지 딱 7개월 걸렸습니다. 그렇다고 아내와 큰 문제가 있는 건 아닙니다. 다만 아내가 저보고 공감 능력이 떨어진다고…. 그래서 대화하기가 힘들다고 하더군요.

정 박사 아내의 반응에 대해 어떻게 생각하세요?

최 과장 아내가 자꾸 말하니 저도 공감해 보려고 했는데, 잘 안 되더라고요. 솔직히 그게 뭔지도 잘 모르겠고…. 그냥 이대로 살려고요. 이런 것들이 사실 좀 귀찮습니다. 그래서 전 은퇴하면 혼자 산으로 들어갈 계획이에요.

조현성 성격장애 파헤치기 ¶

조현성 성격장애는 사회적 관계에 대한 관심 결여, 혼자 지내려는 경향, 내향성, 감정적인 냉담함 등이 특징인 성격장애이다. 과거에는 분열성 성격장애로 불렸으나, 정신분열증에서 조현병으로 명칭이 개정된 것과 마찬가지로, 조현성 성격장애로 명칭이 개정되었다. 전 세계 인구 중 1~3%가 조현성 성격장애를 갖고 있으며, 여성보다는 남성에게서 더 많이 나타나며, 대게 일생동안 지속된다. 우울증을 지니고 있는 경우가 흔하며 편집성 성격장애, 회피성 성격장애, 조현형 성격장애를 함께 가지고 있는 경우가 많다. 조현성 성격장애는 고립, 빈약한 친구 관계, 그리고 학교 성적 저하를 시작으로 아동기와 청소년기에 처음으로 나타난다. 아동기의 조현성 성격장애는 고독, 무감동, 정서적 초연함, 지나친 예민성, 이상한 의사소통 패턴, 유별난 상상 등을 동반한다.

진단기준 1 **가족의 일원이 되는 것을 포함하여 친밀한 관계를 원하지도, 기뻐하지도 않는다.**

조현성 성격장애자 중에는 독신이 많고, 결혼했다면 중매결혼이 많다. 자녀에게도 별로 관심이 없고 가족 활동도 꺼린다. 누구보다 친밀한 관계를 맺어야 하는 이들의 배우자와 자녀 입장에서는 고통스러운 일이지만, 조현성 성격장애자는 그들의 고통을 알지 못하고 관심도 없다. 자꾸 관심과 애정을 요구하는 것이 그냥 귀찮을 뿐이다. 직장 동료들은 이들을 말이 별로 없고 냉담하고 자꾸 거리를 두기 때문에 가까이하기 어려운 사람이란 평을 한다. 실제 말이 길지 않고 간결하며, 주변 상황과 사람에게 무관심하다. 대인관계와 사회활동을 원치 않고 되도록 혼자 하는 일을 선호한다. 어쩔 수 없이 사람들과 같이 지내야 할 경우에는 피상적이고 형식적인 수준에서만 관계를 맺는다. 주위 사람들이 자신을 간섭하려 들거나 침해하면 매우 민감하게 반응한다.

진단기준 2 가족 이외 친한 친구나 믿을 만한 상대가 없다.

가까운 관계로 발전시킬 수 있는 기회에 무관심하며, 가족이나 다른 사회 집단의 일원으로서 큰 만족감을 얻지 못한다. 그들은 다른 사람들과 함께 있기보다 혼자서 시간을 보내는 것을 선호한다. 그들은 종종 사회적으로 고립되어 있거나, 완전히 '외로운 사람'이다.

⊂⊃

드라마 〈이번 생은 처음이라〉의 주인공 남세희(남, 38세)는 앱수석 디자이너이다. 무뚝뚝하고 얼굴에 감정이 거의 드러나지 않는다. '인간은 어차피 서로를 절대 만족시킬 수 없다. 그저 피해를 주지 않는 것이 상책이다'라고 생각하고, 결혼을 '재생산을 위한 강압적 사회제도'라 생각하여 필요성을 느끼지 못한다. 집에 오면 혼자 맥주 마시며 축구 경기 관람을 즐기며 혼자 지내는 게 편하고, 딱히 불필요한 인간관계에 힘쓰지 않는다. 어찌 보면 실속형 개인주의인 것 같지만, 전형적인 우리 사회의 '자발적 외톨이' 혹은 '나홀로족'이다. 이런 그는 조현성 성격장애의 성향을 많이 가지고 있다.

항상 혼자 하는 활동을 택한다.

타인에 대해 무관심하고 주로 혼자서 지내는 경향이 있다. 이들은 무관심과 고립으로 다른 사람들과 단절된 삶 속에서 오히려 더 큰 안정감을 느낀다. TV 프로그램 〈나는 자연인이다〉에 나오는 주인공들은 최소한의 사회생활을 하며 오지에서 홀로 살아가는 사람들의 삶을 보여준다. 대부분의 음식을 자급자족하며, 스마트폰 등 사회연결망이 거의 없는 상태로 짧게는 3~4년에서 길게는 40년이 넘도록 산속에서 살고 있다. 각자 그런 삶을 선택한 이유는 다양하겠지만 출연자 대부분은 사회와 철저히 격리되어 살아가는 자신의 삶에 매우 만족도가 높다. 잠깐 휴양차도 아니고 수년 동안 혼자 고립되어 살아가는 일은 일반 사람들에게는 쉽지 않은 일이다. 조현성 성격장애자는 직업적으로도 혼자 할 때 성과를 더 잘 내고 심리적으로 안정감을 찾는다. 직장에서 대인관계를 요하는 경우 업무 성과가 크게 저하될 수 있는 반면, 이들은 사회적으로 고립된 상태에서 오히려 능률이 향상된다. 야간경비원, 산지기, 산림 관리원, 수녀, 스님, 예술가, 트럭운전사, 우편 및 택배 배달원, 바둑기사, 등대지기 등이 있다. 최근에는 사람들과 직접 상호작용을 전혀 하지 않고도 컴퓨터와 둘이서도 충분히 일을 할 수 있는 직업들이 늘어나면서 얼마든지 자신들의 영역에서 인정을 받기도 한다. 대표적으로는 프로그래머, 연구원, 작가 등이 여기에 해당된다. 영국의 동물학자 제인 구달Jane Goodall이 침팬지 연구를 위해 혼자 아프

리카 자연보호구역에 들어간 나이는 20대 중반이었다. 그 후 10여 년이 넘는 기간 동안 매일같이 밀림에서 침팬지를 찾아다니며 연구를 했다. 이를 통해 침팬지가 사냥과 육식을 즐긴다는 사실과 사냥을 위해 도구를 제작하여 사용한다는 것을 밝혀냈다. 10년이 넘는 시간 동안 홀로 연구를 계속할 수 있었던 것은 연구에 대한 열정, 동물에 대한 호기심도 있었겠지만 그녀에게 조현성 성격장애 성향이 없었다면 불가능했을 수 있다. 일상적인 대화와 감정을 나눌 사람 하나 없이 그곳에서 살 수 있는 것은 보통 사람들보다 희노애락에 대한 정서가 무디기에 가능하다.

현○○(남, 35세) 씨는 박사를 졸업하고 K 정부기관에 선임연구원으로 입사를 했다. 2년 후 조직이 개편되면서 현 연구원은 갑작스럽게 기획실로 발령이 났다. 팀 분위기가 연구실보다 훨씬 타이트하고 조직적이고 경쟁적이어서 조현성 성격장애가 있던 그는 병증이 심각해졌고 급기야 휴직하게 되었다.

진단기준 4 성관계에 관심이 거의 없다.

애정, 성관계 또는 결혼이란 것에 관심이 없다. 이성에 대해 무관심하여 독신으로 생활하는 경우가 많으며, 결혼을 했더라도 연애 기간이 매우 짧은 중매 결혼이 많다. 이는 사회적 기술이 부족하고, 성 경험에 대한 욕구가 부족하기 때문이기도 하고, 또한 다른 사람이 자신의 삶에 개입하는 것을 싫어하기 때문이기도 하다. 그래서 이성 간의 사랑도 육체적인 욕구에만 충실하여 진실한 감정이 배제된 성적 관계만을 원하기도 한다.

진단기준 5 거의 모든 분야에서 즐거워하는 활동이 극히 드물다.

인생의 비전이나 목표가 없는 듯이 무기력하고 열정이 없는 삶을 살아간다. 실력이 있어도 높은 직급과 더 많은 연봉을 받기 위해 직장을 옮겨 다니거나 적극적으로 요구하지 않는다. 종종 자신에게 불리한 환경에조차 수동적으로 반응하며, 자신의 현재 삶에 큰 불만 없이 살아간다. 사람들과 상호작용만 요하지 않으면 특별히 싫은 일도 좋은 일도 없다. 그래서 다른 사람들이 봤을 때 '저 똑같은 일을 수년 동안 어떻게 하고 있지?'라고 생각이 드는 일도 조현성 성격장애자는 별 무리 없이 하고 살아간다. 자신이 무엇을 원하는지, 무엇을 위해 살고 있는지 등에 대해 깊은 고민을 하지 않는다. 돈, 명예, 권력 등에 대한 욕구가 낮아 청빈하게 살며, 돈이 있어도 자신을 꾸미거나 명품을 사는 것에도 관심이 없다.

진단기준 6 다른 사람들의 칭찬이나 비난에 무관심하다.

타인의 칭찬이나 비난에 무관심하고 감정적 반응을 보이지 않는다. 자신에 대한 직접적인 도발에 대한 반응조차도 거의 보이지 않으며, 자신의 분노조차 거의 분출하지 않아 감정이 메말라 있다는 인상을 준다. 가끔 사람들과 어울리는 것이 너무 불편하고 싫어서 아무도 없이 혼자 살아가고 싶은데 이런 성향이 조현성 성격장애가 아닐까 고민하는 사람들을 본다. 혹시 자신이 조현성 성격장애인지 궁금한 사람이 있다면 곰곰이 생각해 보라. 누군가가 내 욕을 했다는 것을 전해 들었다. 어떠한가? 발끈한다면 당신은 조현성 성격장애자가 아니다. 조현성 성격장애자라면 이런 이야기를 들어도 전혀 신경 쓰지 않는다. 남이 나를 칭찬하든 욕을 하든 아무런 관심이 없다.

진단기준 7 감정적으로 냉담하고, 무관심하며, 무미건조하다.

정서적인 흥분과 반응 수준이 낮아 냉담하고 무감동적이다. 기쁨, 슬픔, 분노 등의 감정을 나타내는 경우가 매우 드물 뿐 아니라 이러한 감정들을 느끼거나 경험하는 것 자체를 잘 하지 못한다. 부끄러움이나 죄책감 같은 감정으로 인해 고통받는 일이 매우 드문 반면, 상호작용이 많이 요구되는 상황에서 상당한 불안감을 보인다. 자신의 감정을 표현하는 데 매우 서툴며, 다른 사람의 미소나 끄덕임 같은 몸짓이나 얼굴 표정에 거의 반응하지 않는다. 다른 사람과 대화는 무관심한 태도로 짧게 이루어지는 경우가 많으며, 내용과 형식에서 특이한 말, 상황에 적절하지 않은 감정을 보이기도 한다. 정서가 실린 대화가 불가능하며 복잡한 의미를 담은 말을 다양한 방식으로 전달하는 데 어려움을 겪는다. 드라마 〈비밀의 숲〉의 주인공 황시목에게서 조현성 성격장애의 모습을 많이 볼 수 있다. 표정에서 감정이 거의 드러나지 않고 말이 짧고 단조롭다. 찔러도 피 한 방울 안 나올 인간이란 소리를 자주 들을 정도로 인간관계가 매우 건조하다. 어떤 상황에서도 무감동, 무감정의 상태를 유지한다. 다만 엄밀히 말하면 황시목을 조현성 성격장애라고 할 수는 없다. 조현성 성격장애로 진단하려면 다른 의학적 상태의 생리적 효과로 인한 것이 아니어야 하기 때문이다. 그러나 황시목은 어린 시절 소리에 과도한 민감성을 보여 뇌의 일부를 절제하는 시술을 받았다는 설정을 하고 있다. 즉 '다른 의학적 상태에 의한 인격 변화'로 보인다. 다만 겉으로 드러난 황시목의 모습은 조현성 성격장애를 이해하기 쉬우니 참고하기 바란다.

조현성 성격장애 원인 찾기 ¶

조현성 성격장애의 발생 빈도가 가족이나 친척 중에 조현병이나 조현형 성격장애를 지닌 사람이 있을 경우가 그렇지 않은 경우보다 더 높게 보고된다. 특히 부모가 조현병을 가진 경우에 더욱 그러한데, 이러한 부모에게서 자라나는 아동은 대인관계를 맺는 방법을 부모로부터 배울 기회가 적으며, 감정이 메마른 분위기에서 성장할 가능성이 높기 때문이다.

또한 조현성 성격장애는 부모의 양육방식이 부적절하고 냉담하고 방임인 경우가 많아 아이가 부모 특히 엄마와 기본적 애착을 형성하지 못한 것에서 기인하기도 한다. 아이의 불쾌(감정억압), 정서 불안(과대피해의식) 등은 부모 모두에게 책임이 있다. 아이의 집중력이 떨어진다는 느낌이 들 땐 '조현성'과 관계가 있으므로 물건을 집어던지는 등의 과격한 부부싸움이 잦은지를 체크해 보아야 한다. 또한 형식적이고 경직된 분위기의 가정, 즉 가족들이 싸우지는 않지만 애정 표현이 결여되어 있으며 최소한의 상호작용만 있는 분위기의 가정일 수 있다. 가족 구성원들이 서로 상관없는 타인들이고 단지 동거하는 관계일 뿐이다. 이런 분위기는 사회적 부적절성, 무감각, 무감동, 대인 친화감 결여 등의 뿌리 깊은 습관을 발달시키게 된다. 이후 이차적으로 사회적 철퇴, 즉 사람들을 대하기 싫어하고 밖에도 잘 나가지 않으려는 경향을 보인다. 애착을 고통스러울 것으로 예상하기에 그것으로부터 방어적인 행동을 한다. 사회적 결여에 대한 보상으로 환상적 삶을 추구하여 현실보다 더 많은 만족을 얻을 수 있는 환상의 세계에 몰두한다. 이러한 특징은 지능이 보통이거나 아주 뛰어난 아동에게서 나타날 수도 있으나 언어 관련 발달 지연이 있을 때도 나타난다. 또한 여러 가지 가벼운 자폐증과도 관련이 있다.

주변에 조현성 성격장애자가 있다면 …

이들은 사회적으로 다른 사람들과 관계를 맺어야 하는 시기에 다른 사람들로부터 고립되기 시작하면서 점점 더 사회로부터 유리된 존재가 되어버린다. 이들은 대인관계를 가지지 않아도 일상생활에서 전혀 불편함을 느끼지 않기 때문에 자발적으로 치료를 받으러 가지 않는다.

▌그냥 내버려 둬라

그가 외로워 보인다는 것은 당신의 착각이다. 그는 그냥 혼자가 행복하다. 온종일 아무와도 대화하지 않아도, 혼자 밥을 먹어도, 회식자리에 참석하지 않은 것에 대해 아무도 신경을 쓰지 못했어도 그는 아무렇지 않다. 도리어 당신이 당신의 무리 속으로 그를 당기면 당길수록 그를 힘들게 할 수 있다. 그가 혼자 행동하는 것이 당신의 일을 해나감에 있어 문제가 되지 않는다면 그냥 내버려두면 된다. 그러면 그는 본인이 맡은 바 업무를 잘 해낼 것이다.

▌면대면 상호작용을 줄여라

만약 업무상 그와 계속적인 연락이 필요하다면, 이메일이나 카

톡과 같은 방법이 좋다. 특히 기술의 발달로 메시지를 문자로 주고 받는 것이 보편화된 시대에 살다 보니 전화를 부담스러워하는 사람들이 상당히 늘었다. 특히나 조현성 성격장애를 가진 사람들은 사무실 전화나 스마트폰으로 자신에게 걸려오는 전화를 받는 것에 대한 심리적 압박감이 크다. 만약 당신의 부하직원 중에 조현성 성격장애를 가진 직원이 있다면 되도록 사람들과의 접촉이 덜한 업무를 배정할 필요가 있다. 감정의 기복이 심하거나 변덕스럽지 않기 때문에 한결같은 생활을 몇 십 년씩 계속할 수 있는 재능을 갖고 있다. 그에게 맞는 일을 배정하면 된다.

▌ 천천히 다가가라

그와 좋은 관계를 유지하고 싶으면 오랜 시간을 두고 천천히 다가가는 것이 좋다. 되도록 개인적인 질문도 삼가야 한다. 동료로서 그 사람의 세계를 존중해 주며 그의 영역을 침범하지 않는 게 좋다. 물론 몇 해가 지나도 냉담할 수 있으니 너무 실망하지 말라.

내가 조현성 성격장애로 의심된다면 …

▌상호작용이 빈번하지 않은 일을 선택하라

조현성 성격장애를 가진 사람들에게 많은 상호작용 상황으로
의 노출은 되레 병증을 키울 수 있다. 상호작용만 빈번하지 않다면
조현성 성격장애를 가진 사람들은 감정의 기복이 크지 않아 꾸준
히 노력해 성과를 내는 일에 장점이 있다. 힘들지만 직업이라 어쩔
수 없다고만 생각하지 말고 자신의 성향에 맞는 직업이나 작업환
경을 찾는 것이 필요하다.

▌사회적 스킬을 키워라

스스로는 전혀 불편함을 느끼지 못해 개선의 필요성을 느끼지
못할 수 있다. 하지만 더불어 살아가는 세상에서 시간이 갈수록 점
점 더 고립될 수 있다. 조현성 성격장애자는 타인과 함께할 때 자신
이 지루하고 흥미롭지 않다는 것에만 관심이 있다. 우정이든 연애
든 동료애든 가능하려면 상대가 자신을 어떻게 생각하는지도 관심
을 가질 필요가 있다. 사회적 능력을 향상시키기 위해서는 구체적
인 사회 스킬을 익힐 필요가 있다. 타인의 모습에서 좋은 점을 찾
아내고 칭찬하는 기술, 함께하는 사람들에게 친절하게 행동하는

기술, 가벼운 농담과 대화를 이어나가는 기술, 상대방의 감정을 느끼고 감정을 표현하는 기술을 배울 필요가 있다.

4

아무도 날 좋아하지 않아!

유형 4

회피성 성격장애
(Avoidant Personality Disorder)

회피성 성격장애 진단하기 ¶

다음 항목 중 4개 이상 해당이 된다면, 회피성 성격장애를 의심해 볼 수 있다.

❶ 자신을 사회성이 부족하며, 매력이 없고, 남들에 비해 열등하다고 생각한다.

❷ 사람들과 어울릴 때 비난받고 거절당할지도 모른다는 생각에 사로잡힌다.

❸ 친한 관계에서도 수치심을 느끼거나, 놀림, 창피를 당할까 봐 조심한다.

❹ 자신을 좋아하는 것이 확실하지 않은 사람들과 어울리는 것을 피한다.

❺ 거절, 반대, 비난이 두려워 중요한 사람들과 교제를 포함한 직장에서 활동을 피한다.

❻ 자신이 부족하다는 생각 때문에 새로운 사람을 만나는 상황을 피한다.

❼ 당황하는 모습을 보여주기 싫어 새로운 활동을 시도하거나 위험을 감수하는 일을 매우 꺼린다.

〈M기업 디자인팀 송○○ 대리 인터뷰〉

송 대리 저는 사람들 앞에서 주목받는 것이 너무 힘들어요. 친구들하고 말할 때는 아무 문제없이 잘하거든요. 근데 이상하게 회사에서 보고를 하거나 회의 시간에 발언하는 것이 너무 부담이 되요. 그러다 제가 담당한 디자인 발표라도 하게 되면 거의 며칠 전부터 소화도 잘 안 돼요. 사실 별거 아니거든요. 그냥 제가 한 거 공유한다 생각하면 되는데, 여러 사람들이 동시에 절 쳐다보면 그냥 머리가 하얗게 되어버려요. 디자인 업무를 계속하는 한 앞으로도 계속 발표할 기회가 많을 텐데…. 다른 일을 찾아볼까요? 전 어떡하죠?

정 박사 주목받는 것을 힘들게 하는 요인이 무엇이라고 생각하세요?

송 대리 대인공포증 같기도 하고…. 음…. 전 남을 많이 의식하는 거 같아요. 그냥 제 생각을 말하면 되는데, 말하기 전에 너무 많이 쓸데없는 생각을 하는 거죠. '이런 말 해도 되는 건가? 별 문제 없겠지? 아니야. 욕먹을 수도 있어. 다 아는 건데 내가 말하는 건가?' 이런 생각들이요. 전 남들이 제 뒤에서 욕 하는 게 너무 싫어요. 대리인데도 발표를 저것밖에 못하냐고 후배들이 수근덕거리는 거 같기도 하고….

회피성 성격장애 파헤치기 ¶

회피성 성격장애는 타인으로부터 부정적 평가를 받는 것에 대해 과도하게 예민하며 사회적 상황에서 지나치게 감정을 억제하고 부적절감을 많이 느끼게 되어 대인관계를 회피하는 성격장애를 말한다. 대인관계에 현타(현실 자각 타임이라는 뜻의 신조어)가 와서 연락을 일시적으로 피한다고 해서 회피성 성격장애는 아니다. 모든 인간관계·일상생활에서 회피가 버릇이 돼 있거나, 청소년기부터 회피 성향이 성인이 된 이후까지 이어질 때 의심해야 한다. 전 세계 인구의 약 3%가 회피성 성격장애 유병률을 보이며, 남성과 여성에서 거의 비슷하게 나타난다.

진단기준 1 자신을 사회성이 부족하며, 매력이 없고, 남들에 비해 열등하다고 생각한다.

자기 자신에 대해 매력이 없고 보잘것없는 사람이라 여기며, 무언가를 성취해도 '별거 아니다'라고 스스로 평가절하해 버린다. 스스로 사회 부적격자라고 판단하여, 소외되거나 거부를 당하면 그 이유를 자신에게서 찾아낸다. 스스로 자기비판을 넘어 자기 비하로 갈 정도로 자기 자신에 대해 엄격하다 못해 필요 이상의 학대를 하고 있다. 소설 『상실의 시대』로 유명한 일본 작가 무라카미 하루키는 '사람들이 내 모습을 보고 실망하는 게 싫어서'라며 언론 노출을 극도로 꺼린다. 상처받을 상황 자체를 피하는 것은 전형적인 회피성 성격장애 증상이다.

진단기준 2 사람들과 어울릴 때 비난받고 거절당할지도 모른다는 생각에 사로잡힌다.

회피성 성격장애는 타인에게 비난받고 거부당할지도 모른다는 생각에 집착해 타인이 자기를 어떻게 평가하느냐에 마음을 쓴다. 타인이 자신을 좋아해 주고 인정해 줄까 촉을 세우고, 끝없이 그들의 반응을 의식한다. 엄밀히 말하면, 남을 의식하는 게 아니라 남의 눈에 비친 내 모습을 의식하는 것이다. 타인의 작은 행동에도 의미를 두고 미세한 표정 변화도 놓치지 않는다. 회피성 성격장애와 대화를 하다 보면 겉으로는 타인에게 별로 신경 쓰지 않고 무관심한 것처럼 행동하는 경우가 많다. 마치 '난 너를 별로 신경 쓰거나 중요하게 생각하고 있지 않아'라는 것을 증명하듯이. 하지만 강한 부정은 긍정이라고 하였듯 이런 행동은 '난 그만큼 당신에게 영향을 받고 있어'라는 자신의 내면을 보여주는 것이다. 얼마든지 넘길 수 있는 사소한 감정표현 하나도 예민하게 받아들이기 때문에 자연스러운 만남을 이어가기 힘들다. 커피숍 아르바이트생, 편의점 직원 등 가볍게 마주치는 사람에게도 자신이 어떻게 보일지 지나치게 신경 쓰기도 한다.

진단기준 3 친한 관계에서도 수치심을 느끼거나 놀림, 창피를 당할까 봐 조심한다.

자존감이 낮으며, 상대의 반응에 대한 지나친 경계심을 갖고 있어 예민하고 조심스러운 사람이라는 느낌을 준다. 자신에 대한 타인의 비난, 편견 섞인 말에 큰 상처를 입고, 부정적 평가를 가장 두려워한다. 또한 자신의 이야기가 농담이나 놀림으로 활용되면 강한 수치심을 느낀다. 학교 동기모임 자리나 회식 자리에서 자신을 화젯거리 삼아 이야기를 하면 극도로 불편함을 느낀다. 그 자리 대부분의 사람들은 가벼운 농담으로 인식했던 사건을 회피성 성격장애자는 큰 상처를 입어 다음 모임에 참석을 꺼린다. 관계에서 느끼는 비난, 거절에 대한 공포와 불안감을 감당하기 어려워 자신이 숨을 수 있는 높은 성벽을 만들곤 한다.

진단기준 4 자신을 좋아하는 것이 확실하지 않은 사람들과 어울리는 것을 피한다.

회피성 성격장애자는 타인이 자신에게 호감을 가진다는 확신이 들어야 만남을 가지려 한다. 또한 집단 활동에서 반복적이고 너그러운 지지와 보살핌을 받기 전까지는 집단 활동에 참여하지 않는다. 상대가 자기를 싫어하는 눈치가 조금이라도 보이면 실망하고 모욕감을 느껴 만남을 꺼리며, 이는 사회 참여나 대인관계 형성의 기회를 놓치게 만든다. 결국 대인관계 형성의 어려움 때문에 괴로워하기도 하고 쉽게 자존심 상해한다. 혹은 다른 사람들로부터 떨어져 나와 은둔적인 생활을 해 버린다. 회피성 성격장애는 타인이 자신에게 보내는 부정적 평가나 반응을 극도로 두려워한다. 따라서 타인의 작은 반응과 평가에도 매우 민감하며, 그 부분을 확대하여 해석한다. 이런 부분 때문에 편집성 성격장애 측면을 일정 부분 공유하고 있다. 우울증, 불안장애, 타인에 대한 분노 등이 함께 나타날 수 있다. 직업적인 영역에서는 대인관계가 요구되는 직업에 종사하기 어렵다.

⬭

H기업 오○○(남, 27세) 사원은 대인관계 문제로 대학 시절부터 어려움을 많이 겪고 있다. 일반적으로 고등학교까지는 학교에

서 정해준 반, 자신의 자리 그리고 짝이 있다. 정해진 공간에서 접촉 빈도가 높은 친구들이 있다 보니 관계에서 소극적, 수동적인 부분이 크게 문제되지 않는다. 그리고 그냥 정해진 시간표대로 움직이며 공부만 하면 된다. 그런데 대학은 완전히 다른 세계다. 스스로 적극적으로 친구를 만들지 않으면 수업도, 공강 시간도, 점심시간도 혼자 보내야 한다. 오 군이 그랬다. 특히나 함께 식사할 사람이 아무도 없었던 점심시간이 오 군에게는 가장 고통스러운 시간이었다. 혼자 식사를 하는 자신이 다른 사람들에게 노출되는 것이 싫어서 매번 끼니를 거르곤 했다. 그리고 어느 순간부터 편의점에서 간편식을 사다가 화장실에 쪼그리고 앉아 식사를 해결하기 시작했다. 입사한 후에도 사람들과 자연스레 어울리지 못하는 것은 계속되었다. 그러나 더 큰 문제는 상사와 선배에게 지적과 꾸지람을 받는 것을 너무 두려워한다는 것이었다. 결국 입시 8개월이 되는 시점에 오 사원은 장기간의 무단결근으로 해고통지를 받았다. 직장 상사에게 꾸지람을 들은 다음날부터 자신에게 걸려오는 전화나 메신저에 아무런 답을 하지 않았기 때문이다. 오 사원은 연애할 때도 여자 친구와 문제가 생기면 갑자기 잠수를 타는 바람에 싸움이 더 커지곤 했다. 그의 친구도 "걔는 갑자기 누구와도 연락하지 않고, 집 밖을 며칠씩 안 나올 때가 종종 있어요"라고 말한다.

<u>진단기준 5</u> 거절, 반대, 비난이 두려워 중요한 사람들과의 교제나 직장에서의 활동도 피한다.

자신이 만나는 타인들은 자신을 비난하고 혐오할 것이라고 짐작하며 타인을 위협적인 존재로 판단한다. 그래서 타인과 만났을 때 그들의 반응을 면밀히 살피고 조그마한 부정적인 언급이나 행동이 느껴지면 이 부분을 과대 해석하고 자기를 싫어하는 것으로 단정지어 버린다. 반면 그들이 보이는 긍정적인 언급이나 태도는 보지 않고 축소해서 생각하고 무시한다. 당연히 이런 생각은 사회적 활동을 피하게 만든다. 타인이 자신에 대해 어떻게 반응하고 대할지가 두려워 그들과의 만남을 불안해하고 걱정하며 타인을 만나는 사회적 활동이나 상황을 회피하는 것이다. 당연히 이런 문제가 있다면 사회 적응과 대인관계에 심각한 문제가 생긴다. 대인공포증은 회피성 성격장애를 가진 이들이 겪는 매우 대표적인 문제이다.

⊂⊃

W 중견기업 경영지원팀 진○○(여, 25세) 씨는 동료들과 친밀하게 어울리고, 사람들에게 주목받는 상황이 매우 힘들다. 회의 시간 발언, 가끔 있는 업무 발표 때도 극도로 긴장한다. 입사한 지 3년이 넘었지만 팀원들 말고는 거의 알고 지내는 타 부서 직원은 없으며, 팀 내에서 개인적으로 친밀한 동료도 겨우 한 명 정도다. 1년

에 한 번씩 있는 전사 워크숍 참석이 큰 부담이며, 연간 의무교육 시간 때문에 교육 갔다가 함께 하는 작업이 많아 그다음부터는 모두 온라인으로 대체해 버렸다.

진단기준 6 **자신이 부족하다는 생각 때문에 새로운 사람을 만나는 상황을 피한다.**

회피성 성격장애자의 주된 감정은 수치심이다. 이러한 수치심은 자신에 대한 부정적 자아상과 관련되어 있는데, 수치심이라는 불쾌한 감정으로부터 숨고자 하는 소망 때문에 대인관계나 자신이 노출되는 상황을 회피하게 되는 것이다. 상대에게 관심이 있는데 먼저 다가갔다가 거절당하는 것이 두려워 처음부터 접근조차 못한다. 하지만 이런 자신을 인정할 수 없어서 '난 그냥 사람들과 만나는 것을 싫어해', '저 사람 별로야' 라고 생각하는 섯이다.

진단기준 7 **당황하는 모습을 보여주기 싫어 새로운 활동을 시도하거나 위험을 감수하는 일을 매우 꺼린다.**

이들은 낯선 상황 즉 새로운 장소, 새로운 시도, 처음 만나는 타인을 매우 불편하게 생각한다. 예상치 못한 일들로 실수할 확률이 높아지고 거기에서 오는 비난을 감당하기 두렵기 때문이다. 따라서 당혹스럽고 불편한 감정을 피하기 위해 익숙하고 자기가 잘 알고 편안한 상황에만 머무르려 한다. 당연히 어떠한 책임을 맡게 되는 상황도 피한다. 가급적 어디를 가든 아웃사이더로 빠지고 자기가 중심이 되는 일은 만들지 않는다. 그래서 직업을 구하고 책임을 져야 하는 일에 큰 어려움을 겪는다.

회피성 성격장애는 직장에서 승진의 기회 등 중요한 일을 맡기려 하면 갖은 핑계를 대며 몸을 사린다. 자신이 한 일에 문제가 생겨 발생할 수 있는 비판과 질책을 매우 두려워하고 심리적 회복이 더디기 때문에 되도록 이런 상황을 만들고 싶지 않기 때문이다.

＿＿＿＝

P그룹 계열사 전략기획팀 박○○(여, 40세) 과장은 현재 자기 일에 만족하고 어떤 활동도 주도적으로 하지 않는다. 직장 동료들과 친밀한 관계가 불편해서 회식 자리 같은 사교모임을 피하고, 설사 참석한다 하더라도 구석에 틀어박혀 말없이 있다가 자리를 뜬다. 얼마 전 팀장이 오랜 시간 자기 일에 군소리 없이 묵묵히 해왔던 박 과장에게 새로운 프로젝트의 PM(프로젝트 매니저Project Management)을 맡아보는 것이 어떻겠냐고 했는데 박 과장은 되레 손사래를 쳤다. 팀장은 박 과장의 이런 반응에 매우 당황했다. PM의 경험이 커리어에 매우 도움이 되어 자신에게 개인적으로 와서 부탁하는 팀원들도 있고, 사실 박 과장의 동기들은 이미 PM경험을 여러 차례 했었기 때문이다.

회피성 성격장애 원인 찾기 ¶

불안하면 회피하려 하는 것이 인간의 본능이다. 회피성 성격장애는 사람과의 대인관계에 즐거움과 안정감보다는 불안을 먼저 느낀다. 어린 시절 사람들과의 관계에서 경험한 부정적 감정이 트라우마로 남았을 가능성이 높다.

우선 회피성 성격장애는 어린 시절 부모로부터 지속적인 거부의 경험을 한 경우가 많다. 기질적으로 까다롭게 태어난 아이들은 짜증과 고집이 세고, 이로 인해 부모로부터 지적과 꾸중을 보통 아이들보다 많이 경험한다. 결국 부모에게 지속적으로 거부당하는 경험을 한 아이들은 회피적 애착을 형성할 가능성이 높다. 회피적 애착을 형성한 아이는 어머니에게 애교를 부리거나 매달리는 행동을 거의 하지 않으며 혼자서 놀며 시간을 보낸다. 매리 애인스워스Mary Ainsworth의 '낯선 상황Strange Situation 실험'에서 알 수 있듯 회피적 애착을 형성한 아이는 엄마가 갑자기 사라져도 아무런 반응을 보이지 않는다. 엄마를 열심히 찾는 안정적 애착형과 큰 차이를 보인다. 그런데 무심한 태도를 보이는 아이의 심장박동을 체크해 본 결과 엄마가 사라진 것을 안 이후 매우 불안정했다. 즉 아이는 엄마가 사라진 것이 아무렇지 않아서가 아니라 아무렇지 않은 척을 하고 있는 것이다. 본인이 울고 보채도 받아들여지지 않을 거라 생각하기 때문이다.

또는 형제자매와 비교되는 상황이 자주 발생하거나 학교에서

왕따의 경험을 하게 되면 자신이 부족하다는 사실을 내재화하게 된다. 결국 비난과 놀림의 가능성을 줄이기 위해 사람들과의 접촉을 줄이는 것이다. 친구를 잘 사귀려 하지 않거나 사귀려 해도 잘 안 된다. 성장한 후에도 인간관계에 관심을 보이지 않으며 친밀한 관계를 회피한다.

비슷해서 헷갈리는 다른 증상들 ¶

회피성 성격장애 VS 사회공포증*

회피형 성격장애는 사회공포증과 많이 비교된다. 동일한 장애라는 주장이 제기될 만큼 두 장애 간 구분을 명확히 하기는 어렵다. 타인과의 대인관계를 원하나, 그것이 두렵고 관계를 유지하는 데 어려움을 겪는 특징이 있다. 또한 겁이 많고 걱정이 많다는 점에서 매우 유사하다.

다만 회피성 성격장애는 대인관계 불안정성이 아동기 또는 청소년기부터 일찍 시작되어 분명한 유발사건을 찾기 어려우나 사회

---

* **사회공포증(Social Phobia)** 다른 사람들 앞에서 당황하거나 바보스러워 보일 것 같은 사회불안을 경험한 후 다양한 사회적 상황을 회피하게 되고 이로 인해 사회적 기능이 저하되는 정신과적 질환

　출처 서울대학교병원 의학정보

공포증의 경우 사람들 앞에서 당황스러운 경험과 같은 특정 경험을 한 후 유발된다는 점이 다르다. 또한 회피성 성격장애는 자신이 매력이 없다고 생각하고 많은 상황에서 열등감을 느끼는 반면, 사회공포증은 사회적인 상황이 아닌 경우엔 자신에게 자부심을 느끼는 경우도 있다. 또한 회피성 성격장애는 가까운 상대에게도 감정을 드러내는 걸 꺼리는 반면, 사회공포증은 가까운 상대에게 감정을 드러내는 데 어려움을 호소하지는 않는다.

구분	회피성 성격장애와의 공통점	회피성 성격장애와의 차이점
사회공포증	• 타인과의 대인관계를 원하나 두려움이 크고, 관계 유지에 어려움 겪음 • 겁과 걱정 많음	**회피성 성격장애** • 분명한 유발사건 찾기 어려움 • 많은 상황에서 열등감 느낌 • 가까운 상대에게도 감정을 드러내길 꺼림 **사회공포증** • 특정 유발사건 이후 발생 • 사회적 상황이 아닌 경우, 자신에게 자부심 느낌 • 가까운 상대와 감정교류에 어려움 호소하지 않음

회피성 성격장애 VS 편집성 성격장애

회피성 성격장애와 편집성 성격장애의 공통점은 타인을 신뢰하지 못하며, 타인의 작은 반응과 평가에도 매우 민감하다는 점이다.

그러나 타인을 신뢰하지 못하는 이유가 각기 다르다. 회피성 성격장애는 자신의 부족한 점이 드러나면 자신을 욕하고 비난하고 거부할 것이라 생각하기 때문이라면, 편집성 성격장애는 타인의 악의에 찬 의도를 의심하기 때문이다.

구분	회피성 성격장애와의 공통점	회피성 성격장애와의 차이점
편집성 성격장애	• 타인을 신뢰하지 못함 • 타인의 작은 반응, 평가에도 매우 민감함	**회피성 성격장애** • 자신의 부족함을 비난, 거부할 것에 대한 의심 **편집성 성격장애** • 타인의 나쁜 의도를 의심

회피성 성격장애 VS 강박성 성격장애

회피성 성격장애와 강박성 성격장애의 공통점은 대인관계를 최소화한다는 점과 사람을 잘 믿지 못한다는 점이다. 그러나 역시 이유가 각기 다르다. 첫째, 대인관계를 최소화하는 이유가 회피성 성격장애는 비난에 대한 예민함과 자신감 부족이라면, 강박성 성격장애는 자신의 일을 완수할 시간이 부족해서이다. 그리고 자신의 생각과 방식에 대한 강한 확신 때문에 다른 행동 양식을 보이는 사람과 함께하는 것이 불편하기 때문이다. 둘째, 타인을 믿지 못하는 이유가 회피성 성격장애는 자신을 좋게 봐주지 않을 거라고 생각하기 때문이라면, 강박성 성격장애는 자신의 생각과 방식만이 옳다고 생각하기 때문에 타인의 능력을 믿지 못한다. 그래서 타인과 협업 하는 것도 일을 위임하는 것도 어렵다.

구분	회피성 성격장애와의 공통점	회피성 성격장애와의 차이점
강박성 성격장애	• 대인관계를 최소화함 • 타인을 믿지 못함	**회피성 성격장애** • 비난에 예민하고 자신감이 부족하여 대인관계를 최소화함 • 자신을 좋아하지 않을 거라 생각함 **강박성 성격장애** • 시간 부족, 다른 행동 양식의 불편함으로 대인관계를 최소화함 • 자신만의 방식이 옳다고 생각함

회피성 성격장애 VS 조현성 성격장애

회피성 성격장애와 조현성 성격장애와의 공통점은 내향적이고 대인관계가 어렵다는 점이다. 타인들과 거의 어울리지 않으며, 사람들이 함께하는 자리를 의도적으로 피한다. 그러나 사람들과 함께 하는 자리를 피하는 이유가 회피성 성격장애는 관계를 맺고 싶은 욕구는 있으나 그들로부터 환영받지 못하고 거절당하는 것에 대한 두려움 때문에 피한다면, 조현성 성격장애는 사람들과 관계를 맺고 싶은 욕구가 없어서다. 또한 회피성 성격장애는 타인이 자신을 어떻게 바라볼지에 대한 걱정이 많은 반면, 조현성 성격장애는 남의 시선을 전혀 신경 쓰지 않는다. 회피성 성격장애는 타인과의 관계를 맺을 때 따뜻함과 긍정적인 정서가 어느 정도 나타나는 반면, 조현성 성격장애는 매우 차갑고, 타인에게 긍정적인 정서를 거의 보이지 않는다.

구분	회피성 성격장애와의 공통점	회피성 성격장애와의 차이점
조현성 성격장애	• 내향적 • 대인관계 어려움 • 상호작용을 의도적으로 피함	**회피성 성격장애** • 대인관계 욕구가 있음. 단, 거절에 대한 두려움이 강함. 타인의 시선에 매우 신경 씀. 따뜻함과 긍정적인 정서가 어느 정도 있음 **조현성 성격장애** • 대인관계 욕구 없고, 타인의 시선에 관심 없음. 차갑고 긍정적 정서가 거의 없음

한번은 모 정부기관 직원들을 대상으로 성격장애 강의를 하던 날이었다. 쉬는 시간이 되자 한 주무관이 저자를 찾아왔다. 자신은 박사를 졸업했고 얼마 전까지 연구직무였기 때문에 혼자 온종일 자신의 연구만 하면 되어서 만족도가 높았다고 말했다. 그런데 최근 몇 달 전 부서가 바뀌면서 민원 대응업무도 함께 하게 되었는데, 사람을 응대하는 일이 여간 스트레스가 아니라는 것이다. 그러면서 "강의 중에 사람들과 어울리는 것을 좋아하지 않고 혼자 일할 때 성과가 더 높다는 말씀이 딱 제 얘기를 하는 것 같았어요"라

고 했다. 그래서 아무래도 자신이 조현성 성격장애나 회피성 성격장애 둘 중 하나인 듯한데 둘 중 무엇인지가 헷갈린다며 자신이 둘 중 무엇인 거 같은지 질문했다. 그래서 저자는 "주무관님이 어떤 성격장애를 가졌는지를 판단하기에는 정보가 많이 부족합니다. 다만 둘 중 확실히 아닌 것을 고르라면, 조현성 성격장애 쪽은 아니신 듯합니다"라고 답했다. 그러자 주무관이 "아! 실망이네요. 조현성 성격장애였으면 했거든요. 근데 왜 그렇게 생각하세요?"라고 다그쳐 물었다. 저자가 말한 이유는 간단했다. "조현성 성격장애는 대인관계에서 자신의 스타일이나 성격이 어떠한지 궁금해하지 않아요. 관계 욕구 자체가 없으니까요. 그런데 선생님께서는 쉬는 시간에 이렇게 와서 질문할 정도면 꽤 관심이 많다는 증거거든요"라고 답했다. 자신이 사람과의 관계가 어려운 이유가 '자신감의 부족이 아닌 관계 욕구가 없기 때문이라면 차라리 쿨해 보여 더 낫겠다'고 생각했던 주무관의 표정에 당혹감이 가득해 보였다.

주변에 회피성 성격장애자가 있다면 …

▌따뜻하게 피드백하자

회피성 성격장애자에게 강한 리더십을 보이면 그를 망칠 수 있다. 실수하면 강하게 꾸중하고 몰아 붙이는 식은 그를 성장시키기보다 나락으로 떨어뜨린다는 것을 잊지 말아야 한다. 회피성 성격장애를 가진 사람이 실수했을 때 당신이 강하게 말하지 않아도 이미 그는 심하게 위축되어 있고 좌절감을 느끼고 있을 것이다. 그리고 당신에게 혹시나 미움을 받지 않을까 두려움에 떨고 있을 것이다. 그러니 실수했을 때 조용히 불러서 따뜻하게 피드백하자.

그리고 평소에는 최대한 긍정적 표현으로 그가 자신감을 가지게 하는 것이 필요하다. 그의 강점을 발견하고 그것을 일에 적용할 수 있는 기회를 주는 것도 매우 도움이 된다.

▌부담을 줄여주어라

회피성 성격장애자는 실수에 대한 부담감 때문에 새로운 시도와 활동을 매우 꺼린다. 당신의 눈에 그가 충분히 수행할 만큼 능력이 있어 보인다 할지라도 회피성 성격장애인 그가 처음 하는 일이나 새롭게 해야 하는 일을 맡길 때는 너무 많은 책임감과 부담감을 주지 않는 것이 필요하다. "실패하면 옷 벗을 각오로 해"라든가 "기대가 큰 거 알지? 실망시키지 마"라는 말은 회피성 성격장애를 가진 사람한테는 일반 사람들보다 훨씬 더 부담을 주는 말이 된다. 뭔가 일이 잘못 되어가면 자신은 못하겠다고 두 손을 들어버리거나, 갑자기 잠수를 타버리는 일이 생길 수 있다. 차라리 "일 하다가 힘들면 편히 말해. 나도 열심히 도울게", "이 일은 누구에게도 쉽지 않으니 부담 갖지 말고 한 번 해 봐"정도면 좋겠다. 회피형 성격장애자는 자신으로 인해 팀 분위기를 망치는 것을 원치 않기에 최선을 다하고 싶어 하는 마음을 기본적으로 가지고 있다.

▌ 기다려라

회피성 성격장애자는 자신을 좋아하는 것이 확실하지 않은 사람들과 어울리는 것을 피하는 경향이있다. 그래서 사람과 선뜻 친해지지 못하고 절대 먼저 다가가는 일이 없다. 이런 면이 처음에는 차가운 사람, 냉정한 사람, 재미없는 사람으로 보일 수 있지만, 충분한 시간을 갖고 호의를 보낸다면 편안한 관계를 유지할 수 있다.

▌ 놀리는 투의 농담을 자제하라

회피성 성격장애는 친한 관계에서도 수치심을 느끼거나 놀림, 창피를 당할까 봐 조심한다. 따라서 회피성 성격장애에게는 아무리 농담이라도 그를 당황스럽게 만드는 농담은 하지 않는 것이 좋다. 당신은 웃었지만 그는 마음의 문을 닫을 수 있다.

대 처 방 법

내가 회피성 성격장애로 의심된다면 …

▌자신에게 관대해져라

회피성 성격장애자는 타인에게는 관대하고, 자신에게는 엄격한 성향을 가진다. 자신에게 조금만 더 관대해지면 자신감이 생겨, 타인의 비난에 대한 두려움을 극복하는 데 도움이 된다. '실수를 좀 하면 어떤가. 실수 안 하는 사람은 없고, 다음에 좀 더 잘하면 되지', '남들이 나를 좀 싫어하면 어떤가. 세상에는 나를 좋아하는 사람도 많이 있는데'라고 생각해 보는 것이 중요하다.

▌긍정적으로 자기암시를 하라

무언가를 시작하기도 전에 회피성 성격장애자는 자신의 능력에 대해 의심하며 부정적 생각에 사로잡힌다. 그럴 때면 머리를 좌우로 흔들며 그런 생각을 쫓아내야 한다. 그리고 '지금까지 잘 해왔어. 그리고 이번에도 잘 해낼 거야'라고 생각하며 스스로 긍정적으로 자기암시를 해야 한다. 주변에서 하는 백번의 동기부여보다 자신 스스로에게 하는 긍정적 암시가 훨씬 더 도움이 된다.

▌사회 기술을 익혀라

타인에게 먼저 다가가는 기술, 밝은 표정으로 대화를 이어가는 기술, 사람들 앞에서 당당하게 말을 이어가는 기술 등을 익히는 것이 필요하다. 교육을 통해 사람은 지식, 기술, 태도를 변화시킬 수 있다. 지식이 머릿속에 넣는 것이라면 기술은 몸에 붙이는 것이다. 자전거를 타려면 자전거에 대한 지식을 아는 것으로는 불가능하다. 자전거를 타는 기술이 있어야 한다. 기술은 직접 해 봐야 내 것이 된다. 사회기술을 익히기 위해서 스피치 학원을 다니거나 타인 앞에서 연주·노래를 하는 행동도 좋다. 취미활동을 하는 모임에 참석하여 어색하더라도 먼저 다가가는 연습이 필요하다. 스스로 불편하다고 느끼는 대인 접촉 상황에 자꾸 노출시켜, 불편함을 무뎌지게 하는 일종의 행동요법도 도움이 된다.

▌안전기지를 찾아라

부정적 평가가 두려워 타인에게 도움을 청하지 못하는 사람이라면 '안전기지'가 되어줄 내 편을 만드는 것이 좋다. 보통 회피성 성격장애자는 자신의 속마음을 타인에게 털어놓는 것에 불안감을 느끼기 마련이지만, 누군가와 상의하는 습관을 갖게 되면 상태가 호전되는 경우가 많기 때문이다. 전문적인 상담을 받으면서 주위에서 믿을 만한 사람을 찾는다면 빠른 치유가 가능하다.

5
주인공은 나야 나!

연극성 성격장애
(Histrionic Personality Disorder)

연극성 성격장애 진단하기 ¶

다음 항목 중 5개 이상 해당이 된다면 연극성 성격장애를 의심해 볼 수 있다.

❶ 자신이 사람들 관심의 중심에 있지 않은 상황을 견디기 힘들다.
❷ 다른 사람과의 관계에서 성적유혹, 선정적, 도발적인 행동을 한다.
❸ 사람들의 관심을 끌기 위해 신체적 매력을 이용한다.
❹ 감정을 과장되고 극적으로 꾸며서 표현한다.

❺ 감정이 빨리 변하며 감정표현이 피상적이다.

❻ 세부적 설명이 부족하고 막연하게 말하는 버릇이 있다.

❼ 다른 사람이나 환경에 의해 쉽게 기분이나 감정에 영향을 받는다.

❽ 사람들과의 관계에서 실제보다 가까운 관계로 인식하고 행동한다.

〈M 패션뷰티 매거진 차○○ 기자 인터뷰〉

차 기자 저는 제 일이 좋아요. 어릴 때부터 옷이나 화장품에 관심이 많았는데 저에게 딱 맞는 일을 찾은 거죠. 일과 별도로 제가 개인적으로 직접 스타일링도 하는데 한번 보실래요? (인스타그램에 올린 사진들을 보여주며) 사진을 올릴 때마다 반응이 꽤 괜찮은 편이에요.

정 박사 모델이 차 기자님이시네요.

차 기자 네. 집에서 꾸준히 직접 헤어, 화장, 패션까지 제가 다 스타일링해서 사진을 찍어 올려요. 이렇게 하고 모임에 나가면 다들 예쁘다고 해 주더라고요. 저는 저를 꾸미고 그것으로 주목받는 게 너무 좋아요. 취미활동이기도 하고요. 그런데 간혹 이것을 오해하는 사람들이 있어요. 주목받으려고 별짓을 다 한다는 둥, 연예인 병이라는 둥, 남자들 앞에서 여우짓을 한다는 둥…. 그런데 예쁘게 꾸미고 주목받는 걸 싫어하는 사람도 있나요? 전 예쁘다고 칭찬받는 것이 좋고, 그냥 사람들과 어울리는 것이 좋고, 잘 지내고 싶어서 친절한 것뿐인데 그것을 간혹 오해한 남자들이 문제가 있는 거죠. 전 아무것도 안 했거든요. 왜 저더러 배신했다고 하는지. 본인이 착각해 놓고 그럴 때마다 저를 이상한 여자를 만들어요. 자기관리 잘하고, 사람들에게 따뜻하고 친절한 게 그렇게 욕먹어야 할 행동인가요?

연극성 성격장애 파헤치기 ¶

연극성 성격장애는 다른 사람의 관심이나 애정을 이끌어내기 위해 과도하게 노력하거나 감정을 표현하는 성격장애를 말한다. 나이가 듦에 따라 증상이 감소하지만 노년에 우울증 증상을 보이는 경우가 많다. 전체 인구의 2% 정도에 해당되며, 남성보다 여성에게 더 많이 발생한다.

진단기준 1 **자신이 사람들 관심의 중심에 있지 않은 상황이 견디기 힘들다.**

연극성 성격장애자는 혼자 무엇을 하거나 남겨지는 것을 매우 싫어하고 힘들어한다. 타인의 끊임없는 관심, 보호 그리고 애정이 필요하다. 이들은 대인관계나 연애 초기에 변화무쌍하고 강렬하고 완벽한 모습으로 매력을 발산하여 상대방을 곧장 사로잡는다. 그러나 연극성 성격장애자는 상대에게 지속적으로 과도한 관심과 애정을 요구하고, 그 요구가 받아들여지지 않으면 크게 좌절감, 불안감, 우울감을 호소한다. 따라서 이들은 시간이 지날수록 상대를 피곤하고 부담스럽게 만든다.

각종 모임에서도 마찬가지이다. 주변에서 보내는 시선과 관심은 그에게 큰 활력소가 된다. 타인의 마음을 잘 읽어서 상대가 무엇을 원하는지를 알아내는 데 능하다. 상대의 기대에 자신을 맞추어 표현하고, 결국 상대를 자신의 편으로 만들어 조정하는 데 탁월하다. 모임이 있으면 일부러 늦게 나타나는데 이것은 관심을 집중시키는 기술 중에 하나이다. 처음 모임에도 유쾌하고 재미나게 대화하며, 상대가 원하는 모습으로 맞추며 분위기를 자신 위주로 끌고 간다. 만약 집중되었던 시선이 다른 사람에게 돌아가면 다시 주목을 끌기 위해 이야기를 과장해서 하거나, 아픈 척을 하거나 심지어 거짓말을 하면서까지 다시 주목을 끌려고 노력한다.

영화 〈바람과 함께 사라지다〉는 남북전쟁과 그 전후의 재건을 배경으로 남부의 귀족 사회가 붕괴해가는 과정을 묘사한 영화이다. 이 영화의 여주인공 스칼렛 오하라는 기질적으로 강렬하고, 과민하고, 타인의 이목을 끌기 좋아한다. 활력이 넘치고, 직관적이며, 자극을 추구한다. 스칼렛 오하라는 연극성 성격장애 특징을 많이 가지고 있다.

최○○(여, 39세) 씨는 30~40대로 구성된 부동산 스터디 모임 활동을 하고 있다. 그녀의 센스있고 유쾌한 대화 방식으로 인하여 최 씨가 대화에 끼면 분위기가 확 달라질 정도로 말솜씨가 좋다. 자기관리를 매우 잘해서 실제 나이보다 훨씬 어려보이고 패션도 눈길을 확 끌 정도로 화려하다. 주변 사람들을 배려하고 친근감 있는 행동에 그녀를 처음 만나는 사람들은 그 모임의 어떤 사람들보다 그녀에게 호감을 가진다. 하지만 그녀를 찬찬히 들여다보면 독특한 점도 꽤 많다. 일단 모든 모임에 항상 늦게 나타난다는 점이다. 또한 사람들이 어떤 주제로 대화를 하더라도 "아~"하면서 대화에 끼어들어 기승전 본인 얘기로 만들어 버린다. 다른 사람이 말하면 과도하게 웃거나 반응을 보여서 결국 시선을 자신에게 돌린다. 간혹 누군가의 이야기를 듣다가 갑자기 울음을 터트리기도 하는데, 이유를 물어보면 예전에 만났던 누가 떠올랐다고 말한다. 한번은 모임의 멤버들과 부동산 임장을 갔는데, 중간중간 옷을 계속 갈아입기도 했다. 그녀는 언제나 관심의 중심에 있기 위해 최선을 다한다.

진단기준 2 **다른 사람과의 관계에서 성적유혹, 선정적, 도발적인 행동을 한다.**

화려하고 완벽하게 외모를 치장하고, 이성에 유혹적인 행동을 한다. 하지만 이런 행동이 상대에 대한 진실된 관심에서 나왔다기보다는 일명 어장관리의 행동을 하는 것이다. 즉 성적 쾌락보다는 승인, 존중, 보호를 받고자 하는 소망으로 자신의 신체를 이용한 유혹적 행동을 보인다. 설사 성적으로 문란하다 하더라도 실제로는 성적인 즐거움 때문이라기보다 그런 관계 속에서 타인의 사랑과 관심을 받는 것이 그들이 진정 원하는 것이다. 그래서 심리전문가들은 성적으로 문란한 이들이 오히려 더 불감증을 가진다고 분석하기도 한다. 이성 관계에서도 낭만적인 환상에 잠시 빠졌다가도 곧 싫증을 내고 중단해 버리는 경우가 많다.

⌐⌐

　A 기업(이미용품 관련)에 근무하는 천○○(여, 33세) 씨는 매력적인 용모와 화려한 옷 덕분에 언제 어디서나 한눈에 시선을 잡아끈다. 또한 사람을 좋아해서 친구도 많고 각종 모임도 많은데, 어떤 모임에서든 천 씨가 주인공인 경우가 많다. 그런데 최근 천 씨는 모임에서 몇 가지 오해가 생기면서 계속 나가는 것이 어렵게 되었다. 가장 큰 사건은 모임 멤버 중 한 명의 아내가 그 모임을 찾아와 자신의 남편과 천 씨와의 관계를 의심했고, 심하게 화를 내고 갔기 때문이다. 사실 천 씨는 이런 일이 처음은 아닌데 직장과 모임에서 자주 이와 비슷한 일에 휘말린다는 점이다. 천 씨는 주변 사람

들에게 과장된 친밀감을 보이고, 남성 동료들과 거리낌 없이 어울렸는데 이런 행동 패턴이 남성 입장에서는 자신에게 개인적 관심이 있는 것으로 생각하게 만든다. 그러나 천 씨의 이런 행동은 충분히 오해를 살 만한 행동이라는 것에 여성 멤버들도 동의한다.

진단기준 3 **사람들의 관심을 끌기 위해 신체적 매력을 이용한다.**

사람들의 관심을 끌기 위한 가장 큰 무기는 자신의 외모라고 생각하기 때문에 누구보다 자신의 외모를 가꾸는 데 열심이다. 멋진 외모를 유지하는 데 많은 시간, 돈, 에너지를 투자한다. 대표적으로 성형외과와 피트니스 센터의 단골 고객이 많다. 또한 자신의 매력 포인트를 잘 알고 있고, 외모를 꾸미는 능력도 있다. 어디 가도 주목받을 만한 스타일을 하고, 하루에도 필요하다면 몇 번씩 스타일을 바꾸기도 한다. 복장은 원색으로 화려한 경우가 많고, 노출이 과하다는 것도 특징이다.

대화를 할 때도 유혹적인 모습을 보인다. 몸을 배배 꼬거나 눈을 지그시 쳐다보는 식의 행동을 한다. 자신이 호감을 느끼는 상대한테만 그런 게 아니라 모든 사람에게 이런 행동을 한다.

남성 연극성 성격장애는 사람들의 관심을 끌기 위한 방법으로 외모를 가꾸는 것 이외에 자신의 능력, 명예 그리고 권력 등에 집착한다. 필요 이상으로 성공이나 출세에 매달리며 그것을 떠벌린다. 또 유모나 언변이 탁월해야 한다고 생각하며 경쟁적으로 유머를 구사한다든가, 사람들의 관심을 끌 만한 부동산, 주식, 골프, 자동차, 축구 등에 대해 자신의 지식과 정보를 지나치게 과시하듯 말한다.

진단기준 4 **감정을 과장하고 극적으로 꾸며서 표현한다.**

주위를 끌기 위하여 자신의 생각, 경험과 감정을 과장되고 드라마틱한 형태로 표현한다. 대인관계 초기에는 이런 부분이 매력적으로 느껴질 수 있지만, 관계를 지속하다 보면 지나치게 감정적이고 끊임없는 관심과 인정을 바라는 모습 때문에 상대를 부담스럽게 만든다.

트위터, 페이스북, 인스타그램과 같은 SNS에서 적극적으로 활동하는 사람들 가운데 특히 연극성 성격장애가 많다. 사람들의 관심을 끌기 위해 자극적이고 흥미로운 글, 사진, 영상을 끊임없이 올리며 사람들의 반응을 기다린다. 사소한 에피소드에 지나치게 기뻐하며 축하해달라고 한다거나, 세상이 끝나기라도 한 것처럼 우울한 포즈를 취하며 위로를 받아낸다. 또는 일기장에 적기조차 민망한 내밀한 심정을 스스럼없이 올리기도 한다.

⌒

H병원 원무과에 근무하는 안○○(여, 24세) 씨는 뽀얀 피부와 잘 관리된 몸매에 높은 친화력으로 원내 남성 직원들뿐만 아니라

환자들에게도 인기가 높다. 하지만 이성친구든 동성친구든 빨리 사람들과 친해지는 것에 비해 그 관계가 오래가지 못했다. 주변 사람들은 안 씨에 대해 매우 감정적이고, 무슨 일이 있을 때는 마치 무슨 여주인공인 것처럼 극적인 표현을 한다고 말한다. 최근 들어 SNS 활동을 열심히 하는데, SNS에서 보이는 그녀의 삶은 매우 완벽하고 행복해 보인다. 하지만 그녀는 SNS와 달리 자주 불행하고 대인관계에서 어려움을 겪는다.

연극성 성격장애는 SNS에 자신을 과시하는 사진을 많이 올린다. 미국 정신의학회APA에서도 셀카중독을 주목하였다. 지나치게 셀카에 집착하면서 하루에도 수십 번씩 사진을 올리는 셀카중독에 빠진 사람을 셀피티스Selfitis라고 칭하였다. 이들은 셀카를 위해 하루를 사는 것처럼 행동하며, 완벽한 셀카를 위해 하루에도 사진을 수십 장씩 찍어대기도 한다. 미국 정신의학회APA가 말하는 셀카중독 자가진단법은 다음과 같다.

┃ 셀카중독 자가진단법 ┃

셀카촬영 횟수(하루기준)	SNS 게재 유무	중독정도
3번 이상	×	경계 셀피티스
	○	급성 셀피티스
6번 이상	○ (스스로 통제 불가)	만성 셀피티스

진단기준 5 **감정이 빨리 변하며 감정표현이 피상적이다.**

감정 기복이 심하고 작은 불쾌함에도 크게 화를 낸다. 하지만 다른 사람이 뚜렷이 알아차릴 때조차도 자신의 분노를 인정하지 않는다. 연극성 성격장애의 감정표현은 원하는 목표를 얻기 위한 도구로 사용될 뿐만 아니라 원치 않는 현실적인 책임을 피하거나 불쾌한 기분을 피하기 위해서도 사용된다. 그래서 연극성 성격장애자가 보이는 감정표현이 어디까지가 진실된 감정인지 알기는 어렵다. 그래서 연극성 성격장애자는 처음에는 팔색조 같은 모습으로 매력을 끌지만, 그를 잘 아는 사람들은 그가 감정에 깊이가 없어서 진실하지 못하다고 생각한다. 따라서 깊은 관계를 오랫동안 지속하지 못한다.

진단기준 6 **세부적 설명이 부족하고 막연하게 말하는 버릇이 있다.**

어느 자리에서건 대화의 중심에 있기를 원해서 많은 이야기를 쏟아낸다. 처음 몇 번 그와 대화를 할 때는 이것저것 다양한 분야에서 풍부한 지식과 정보를 가진 것처럼 보인다. 그러나 대화를 거듭할수록 금세 바닥이 드러난다. 한 주제에 대해 정보를 전달하거나 생각을 언급할 때 막연한 표현을 많이 쓴다. 예를 들어 "아 오늘 그 설명회 정말 별로였어"라고 말한 후 어떤 점이 별로였는지에 대한 구체적 언급이 없이 계속 자신의 감정 상태만 언급한다. 어떤 점이 별로였는지를 물으면, "준비가 너무 덜 되었어. 아, 정말 별로야"라고만 말한다. 상대가 다시 "어떻게 준비가 안 되었는데?"라고 물으면, "그냥 전체적으로 다. 너무 건성 건성이야"라고 대답하는 식이다. 구체적이고 논리정연하게 표현하는 부분이 매우 약하다.

진단기준 7 다른 사람과 환경에 의해 쉽게 기분이나 감정이 영향을 받는다.

대인관계에서도 자신의 요구만을 들어주기 원하는 이기적인 사람이다. 자신이 원하는 대로 되지 않으면 가벼운 자극에도 지나치게 과장되게 반응하며 불쾌함을 드러낸다. 불만이 있을 때는 감정적으로 비난하거나, 울거나 자살소동을 일으키기도 한다. 상대를 죄책감 들게 만들어 자기 멋대로 하려는 경향을 보인다. 매우 변덕스럽고 까다롭지만, 본인은 스스로 사람들과 어울리기 쉬운 사람이라고 생각한다.

진단기준 8 사람들과의 관계에서 실제보다 가까운 관계로 인식하고 행동한다.

잘 알지 못하는 사람도 친한 친구처럼 대한다. 한번 만난 후 다음에 만나면 아주 오래된 친구처럼 반가워하며 보고 싶었다고 말하여 상대방을 어리둥절하게 만든다.

연극성 성격장애 원인 찾기 ¶

연극성 성격장애의 원인이 명확히 밝혀진 것은 없다. 다만 전문가들에 의해 제시되는 몇 가지 원인을 살펴보면 다음과 같다.

어린 시절에 짧은 시간 다양한 자극이 불규칙한 방식으로 여러 번 주어진 것이 원인이 될 수 있다. 예를 들어 부모의 맞벌이 상황으로 인하여 아이가 다양한 양육자의 손에 맡겨지는 것이다. 각 양육자마다 다른 양육의 방식, 환경으로 인하여 아이는 짧은 시간 매우 다양한 자극에 지속적으로 노출된다. 이로 인해 아이는 웬만한 자극에는 반응하지 못하고 만족하지 못한다. 성인이 되었을 때 주변 사람들이 보이는 보통 수준의 칭찬, 관심에는 만족하지 못하고 과도한 요구를 하게 된다는 것이다.

또는 아이가 긍정적인 행동을 했을 때만 부모가 반응하는 경우, 형제간 부모의 관심을 받으려 경쟁을 하는 경우에 부모의 관심과 애정을 얻어내기 위해 아이는 부모의 반응을 살피고 그에 맞춰 행동하는 것을 내재화한다. 이런 내재화된 말과 행동은 자신의 것이 아니라 상대방의 관심과 사랑을 끌어내기에 유효한 것이 무엇인지를 먼저 살피는 행동 패턴에서 나온 것이다.

비슷해서 헷갈리는 다른 증상들 ¶

연극성 성격장애와 회피성 성격장애의 공통점은 타인으로부터 비판받는 걸 매우 힘들어한다는 것이다. 하지만 연극성 성격장애의 경우 타인의 비판에 대해 자신을 상대에 맞춤으로서 적극적으로 극복하려는 모습을 보이는 반면, 회피성 성격장애의 경우 그런 비판을 쉽게 인정하고 수치심과 죄책감을 느끼며, 자신을 비난한 그 타인과의 관계를 멀리한다.

구분	연극성 성격장애와의 공통점	연극성 성격장애와의 차이점
회피성 성격장애	타인의 비판을 매우 힘들어함	**연극성 성격장애** • 타인이 원하는 모습으로 자신을 적극적으로 맞춤 **회피성 성격장애** • 타인의 비판을 쉽게 인정함 • 수치심과 죄책감을 잘 느끼며, 자신을 비난한 자를 멀리함

주변에 연극성 성격장애자가 있다면 …

▌객관적 시선으로 점검하라

멋진 외모에 훌륭한 말솜씨로 어느 모임에서든 좌중을 사로잡는 매력적인 사람이 당신을 설레게 한다면 정신 바짝 차리고 혹시 그가 연극성 성격장애가 아닌지 한 번쯤 의심해 볼 필요가 있다. 아니면 감사한 것이고, 맞다면 큰 상처가 마음에 생기는 것을 방지할 수 있다. 그는 당신의 진정한 사랑이 필요한 것이 아니라 자신을 동경할 누군가가 필요할 뿐이다.

▌사실Fact을 체크하라

연극성 성격장애자가 가장 발달된 부분이 언변 능력이다. 이야기를 재미있고 흥미진진하게 하는 능력이 탁월하고, 화려한 언변으로 처음에는 많은 신뢰감을 주기도 한다. 거짓말을 하지는 않지만 그렇다고 진실만을 이야기하진 않는다. 정확성이 떨어지기도 하고, 내용이 부풀려지기도 한다. 예를 들어 고객과의 미팅 내용을 자신에게 유리하도록 부풀려 상사에게 보고하거나, 자신의 업무상 실수를 말로 대충 넘기려고도 한다. 따라서 구체적으로 물어보는 것이 필요하다. 말이 많고 화려하게 표현하는 반면 구체성이 떨어지는 경우가 많다. 업무를 함께할 때 세부적인 것을 잘 점검하고, 누가, 언제, 어디서, 무엇을, 어떻게 했는지 구체적으로 질문하라.

▌ 연기에 속지 마라

그가 하는 말만 들어보면 당장 무슨 일이든 해낼 능력이 있고, 하고자 하는 의욕도 있고, 희생할 의지도 있는 것처럼 보인다. 상대가 원하는 모습으로 자신을 연기한다. 또는 실수했을 때 오버해서 자책한다. 경우에 따라 눈물을 활용하기도 한다. 그러면서 본인이 져야 할 책임에서는 잘 빠져나간다. 그런 사람의 연기를 눈치채지 못하면 일은 당신이 다 하면서 그를 위로하고 있을지 모른다.

대 처 방 법

내가 연극성 성격장애로 의심된다면 …

▌ 외모보다 내면의 성장에 관심을 기울여라

연극성 성격장애자는 노후에 우울증을 많이 호소한다. 자신의 매력을 어필하는 방법이 매력적인 외모인데, 노년이 될수록 자신의 변화하는 외모를 수용하기에 어려움을 겪는 경우가 많기 때문이다. 나이 들어가는 외모는 막을 수 없지만, 내면을 성장시켜 내면의 매력을 키워나가는 것은 가능하다.

▌ 나에게 소중한 사람에게 집중하라

결국 시간이 지나면 내 옆에는 소중한 사람 몇 명만 남는다. 모든 사람에게 사랑받는 것은 현실적으로 불가능할 뿐만 아니라 인생의 너무 많은 에너지를 낭비하는 것이다. 또한 나에게 정말로 소중한 사람을 놓치게 만들 수 있다. 주변을 돌아보고 자신에게 정말 소중한 사람이 누구인지 돌아보라. 그리고 그들에게 집중해라.

▌ 상대의 말을 경청하라

사람들이 모인 자리, 예를 들어 회식 자리, 식사 자리, 동창모임 자리 등에서 지금부터 당신의 말을 줄이고 주변의 얘기에 귀를 기울여 보자. 실수도 덜 할 것이고, 지금까지 몰랐던 많은 것들을 배우게 될 것이다.

▌ 온라인 장소에 개인정보 노출을 자제하라

21세기 주홍글씨는 온라인상에 올린 자신의 글이라고 한다. 절대로 지워지지 않는 글. 당신의 노트북과 스마트폰에서 지웠다고 그 글이 지워지는 것이 아니다. 누군가는 당신의 사진과 글을 캡쳐하고 저장한다. 한때 순간의 감정으로 올린 당신의 글이 화살처럼 돌아올 수 있다. 온라인에 글을 올리기 전에 반드시 신중하게 고민해라.

▌ 자신의 감정을 들여다보라

상대방의 관심을 끌기 위해 상대의 욕구, 상황, 관심에만 집중하느라 정작 자신의 감정, 욕구는 등한시한 것은 아닌지 생각해 볼 필요가 있다. 자신의 진짜 감정과 욕구에 귀 기울이고, 필요하다면 그것을 상대방에게 알려주고 요구하는 것도 필요하다. 우울, 불안, 불면, 충동조절 문제, 신체화 문제 등을 보이는 경우에는 전문의를 통해 약물치료를 병행하는 것이 필요하다.

▌ 구체적이고 체계적으로 생각하고 말하라

전반적 느낌에 근거하여 모호하게 사고하는 방식을 구체적이고 체계적인 사고 방법으로 바꾸어 익힐 필요가 있다. 또한 상대가 대답하기 어려운 질문을 했을 때 대충 얼버무리며 넘어가지 말고, 신중히 고민하고 명확히 답변하는 기술을 학습해야 한다. 정보를 줄 때도 모호하지 않도록 육하원칙을 떠올리며 말하는 연습이 필요하다.

6

내가 세상에서 최고야!

자기애성 성격장애
(Narcissistic Personality Disorder)

자기애성 성격장애 진단하기 ¶

다음 항목 중 5개 이상 해당이 된다면 자기애성 성격장애를 의심해 볼 수 있다.

❶ 자신의 중요성에 대해 지나치게 과장된 자신감을 가진다.
❷ 과도한 찬사를 바란다.
❸ 그럴 만한 이유가 없는데도 특별대우나 복종을 바라는 불합리한 기대감을 가진다.

❹ 자신이 특별하고 독특한 존재라고 믿으며, 특별하거나 지위가 높은 사람들만이 자신을 이해할 수 있다거나 자신과 어울린다고 생각한다.

❺ 대인관계가 착취적이다. 즉, 자신의 목적을 달성하기 위해 다른 사람들을 이용한다.

❻ 공감 능력이 부족해서 타인의 감정이나 욕구에 무관심하고, 확인하려 하지 않는다.

❼ 거만하고 오만한 행동과 태도를 보인다.

❽ 다른 사람들이 자신을 질투하거나 시기한다고 믿는다.

❾ 무한한 성공, 탁월함, 아름다움, 이상적인 사랑에 대한 공상에 빠진다.

〈 S 금융회사 윤○○ 센터장 인터뷰 〉

(윤 센터장은 중학교 때부터 미국 유학을 했고 명문대학을 졸업했다. 졸업 후 월가의 금융회사에 취직했으며, 현 직장에 스카우트되어 국내로 들어왔다. 그녀는 현재 30대 후반이다.)

윤 센터장 한국의 조직문화와 저는 잘 안 맞아요. 너무 관습적이고 정치적이에요. 작년에 스카우트되어 들어올 때만 해도 올해 정기인사 때 임원승진을 시켜줄 것처럼 말해놓고 안 됐어요. 들리는 말에 의하면 모 임원이 저의 승진을 적극적으로 반대했다고 하더라고요. 나이도 어린 제가 자신들과 같은 임원을 한다는 것이 싫었던 거죠.

정 박사   현 직장에 오셔서 보낸 시간은 어떠셨어요?

윤 센터장   처음에는 좋았어요. 30대 여자 센터장이 온다고 하니 다들 신기해하고, 미국 금융회사 시스템은 어떤지 궁금해하는 사람들도 있었고요. 여기 사람들 다 고만고만했지만 그래도 잘 어울려 줬답니다. 그런데 나중에 들리는 말에 의하면 제가 잘난 척이 심하다고 했다더군요. 그래서 사람들은 비슷한 사람들끼리 어울려야 한다고 하나 봐요. 없는 사람들한테는 그냥 있는 그대로의 이야기도 자랑으로 들리고 상처가 되더라고요.

정 박사   센터장님은 직장생활에서 가장 중요한 것이 무엇이라고 생각하세요?

윤 센터장   성공이죠. 능력을 인정받는 것이고요. 그래서 전 요즘 우울증에 걸릴 지경이에요. 전 저를 오직 실력으로만 평가하고 제대로 인정받을 수 있는 곳이 맞아요. 미국은 한국처럼 불합리하지 않죠. 한국이 아무리 발전했다고 해도, 미국의 기업조직문화를 따라가려면 한참 멀었어요.

자기애성 성격장애 파헤치기 ¶

자기애성 성격장애는 자신이 타인과 비교가 안 될 정도로 우월하다는 느낌 때문에 일상생활에 적응을 못하는 성격장애이다. 자신만만한 성격의 극단적 형태다. 자신에 대한 애정이 과도한 만큼, 상대방이 자신을 인정하지 않으면 쉽게 상처받거나 분노하는 모순된 면을 지니고 있다. 유병률은 6%이며, 형제 없이 성장한 남성에게 다소 높은 비율로 발생한다.

진단기준 1 **자신의 중요성에 대해 지나치게 과장된 자신감을 갖는다.**

자신의 능력을 과대평가하고, 자신의 성취, 재능, 능력, 업적에 대해 과장하여 뽐내고, 자신이 특별대우 받는 것을 당연하세 기대한다. 어떠한 성취가 없음에도 불구하고 자신이 대단하게 여겨지는 것을 마땅하다고 여긴다. 반면 다른 이들의 성과를 인정하지 않고, 타인보다 한발 앞서 나가야 한다는 강박관념을 지닌 경쟁적인 사람이다. 또한 작은 비판에도 공격받았다 생각하여 과민반응을 하거나 심지어 공격적인 모습을 보이기도 한다. 이런 행동은 낮은 자존감을 채우기 위함이라는 의견과 실제로 자신이 대단하다고 믿는 자기 망상 때문이라는 의견도 있다.

H 대기업 인재개발팀 우○○(남, 38세) 과장은 스스로에 대한 자부심이 대단하다. 교육업체에서 만들어준 교육 프로그램을 자신이 다 기획했다고 하거나, 신입사원 입문교육 과정의 진행을 들어가면 일과 이후 시간에 신입사원들을 모아놓고 자신의 신입사원 시절의 경험담을 끊임없이 풀어낸다. 얼마 전 틈틈이 써오던 박사논문이 통과되어 학위를 받게 되면서 그 자부심은 더 심해졌다. 교육 관련 회의 중에 자신의 의견에 다른 의견을 내는 사람이 있으면, 자신의 박사 논문을 거론하며 이 분야의 전문가임을 여러 차례 강조한다.

진단기준 2 과도한 찬사를 바란다.

자신감이 넘쳐 자기를 드러내는 데 거리낌이 없는데, 그 내용에는 항상 자기 자랑이 들어간다. 회의 시간, 단톡방, SNS에 자랑거리를 은근히 또는 노골적으로 드러내고, 주변 사람들의 인정이나 칭찬, 부러워하는 반응을 기다린다. 칭찬은 그들의 활력소이기 때문에 언제나 자기를 칭찬해 주는 추종자를 찾는다. 자신을 인정하는 사람을 훌륭한 사람이라 생각하고, 자신을 인정해 주지 않는 사람은 나쁜 사람이라 생각하거나 무시하고 분노를 느낀다. 하지만 그들의 자기에 대한 착각은 현실과 동떨어져 있기 때문에 자주 좌절감, 분노감을 느끼고 결국엔 우울증 문제를 보이기도 한다.

진단기준 3 그럴 만한 이유가 없는데도 특별대우나 복종을 바라는 불합리한 기대감을 가진다.

자신은 주변 사람들과는 다른 특별한 존재이기 때문에 당연히 특별한 대우를 받아야 한다고 생각한다. 일반적인 사회 상식과 질서에서 자기는 예외라는 생각을 한다. 특별한 대접을 받지 못할 경우, 화를 내거나 폭언을 할 수 있다. 자기애성 성격장애자가 자주 사용하는 말이 '네가 감히'이다. 권력 욕구가 강하며, 현재 자신이 가진 권력을 강하게 누리고자 한다. 자신보다 힘이 약한 사람은 자신의 권력 유지를 위해 필요한 존재일 뿐이기 때문에, 매우 거만하고 오만한 행동을 한다. 직장 내에서 경쟁심이 많고 주변 동료를 쉽게 비난하는 행동을 한다. 그냥 넘어갈 수 있는 행동에 대해서도 비아냥거리는 표현을 많이 하고 그의 입에서 누군가를 칭찬하는 일은 찾아볼 수 없다. 또한 조직의 공정하고 적절한 평가와 보상에도 불구하고 만족하지 못한다.

진단기준 4 자신이 특별하고 독특한 존재라고 믿으며, 특별하거나 지위가 높은 사람들만이 자신을 이해할 수 있다거나 그들과 어울려야 한다고 생각한다.

자기가 특별한 존재라는 것을 증명하기 위해 유명인과 절친한 사이인 것처럼 말하기도 하고, 신분이나 사회적 지위가 높은 사람에게 스스로 접근하기도 한다. 자신의 외모, 능력, 성취, 조건 등에 대하여 우월감을 느끼기 때문에 자신이 교류하고자 하는 사람들도 자신과 급이 맞는 높은 지위, 성공한 사람, 높은 성과를 내는 특별한 사람이어야 한다고 생각한다. 직장이나 모임에서도 상대방의 학벌, 사는 곳, 부모님의 직업에 상당한 관심을 가지고 자신과 급이 맞는다고 생각하는 사람에게는 적극적으로 대화와 만남을 시도한다.

진단기준 5 **대인관계가 착취적이다. 즉, 자신의 목적을 달성하기 위해 다른 사람들을 이용한다.**

자기애성 성격장애자의 대인관계 패턴은 타인이 이용 가치가 있을 때는 그 관계가 유지되지만 그렇지 않을 때는 가차 없이 내친다. 더 이상 얻어낼 것이 없는 사람이면 그의 관심 밖이 된다. 무시하는 행동을 하거나 갑자기 모든 연락을 끊기도 한다. 그러다 다시 필요한 상황이 생기면 아무렇지 않게 연락을 취한다. 직장에서 필요하다면 상대방의 성과를 가로채기도 하고, 자신의 실수를 떠넘기기도 한다. 안타깝게도 이런 행동이 제대로 검열되지 않아 높은 고과점수를 받고 조직에서 승승장구하기도 한다.

━━━

L기업 국내 영업팀 홍○○ 씨는 팀장 때문에 고민이 많다. 그의 팀장은 철저하게 자기밖에 모르는 사람으로, 자신의 성과에 도움

이 된다면 아랫사람들이 힘들든 말든 무조건 쥐어 짜내는 사람이기 때문이다. 물론 이 과정에서 팀원의 성과를 자기 것으로 둔갑시켜 보고를 올리거나, 자신의 실수를 팀원에게 덮어씌우는 일도 잦다. 한번은 팀원 중 한 명이 팀장의 이런 만행을 윗선에 보고했는데, 처음에는 징계 이야기가 나오다가 어찌 된 일인지 한 주 만에 아무렇지 않게 덮여버렸다. 그 팀원은 몇 주 뒤 정기 인사에 자신의 커리어와 전혀 상관없는 팀으로 옮겨졌다. 윗선에는 누구보다 이미지 관리를 철저하게 해왔던 팀장이 빛을 발하는 순간이었다.

진단기준 6 공감 능력이 부족해서 타인의 감정이나 욕구에 무관심하고, 확인하려 하지 않는다.

오로지 자기 자신에게만 관심이 있다. 다른 사람들의 생각, 감정, 처지는 전혀 고려대상이 아니다. 자기애성 성격장애자는 관용을 베풀거나 배려하는 마음이 없다. 그들은 다른 사람들의 아픔과 고통에 공감하지 못하고, 다른 사람들과 진실된 감정 소통을 하지 못한다.

2018년 서지현 검사의 고발로 시작된 미투MeToo(나도 당했다) 운동이 사회 각계로 확산되었다. 미투 운동의 본질은 성적으로 잘못된 권력 행사와 폭력이다. 자신의 비서를, 후배를, 제자를 희롱한 가해자들의 공통점은 자기밖에 모르는 성격을 갖은 사람이 권력을 성적으로 잘못 행사했다는 점이다. 오로지 자신의 즐거움만 보이고 타인의 고통에는 무관심한 자기중심적 행동은 자기애성 성격장애의 대표적 특징이다.

진단기준 7 거만하고 오만한 행동과 태도를 보인다.

자기애성 성격장애자를 만나면 처음에는 자신감 있는 말투와 행동으로 많은 매력을 느낀다. 하지만 얼마 시간이 지나지 않아 '거만하고 재수 없다'라는 느낌을 강하게 준다. 자기 밑의 사람을 깔보는 경향이 있고, 자기 자신을 높이기 위해 남들을 낮추려고 하기 때문이다. 다른 사람들을 배려하지 않고, 자기중심적인 발언과 행동을 거침없이 보이기 때문에 주위에 오랫동안 친교하는 사람이 없다. 그들에게 다른 사람들의 존재 의미는 그들 자신이 돋보이기 위한 수단에 불과하며, 다른 사람들은 그들에게 박수를 보내기 위해 존재한다고 생각한다.

R유통회사 안○○ 과장은 최근 국내영업팀으로 발령이 났다. 평소 국내영업팀의 민○○ 팀장에 대해 좋은 인상을 가지고 있던 터라 내심 기대를 했다. 하지만 두 달이 되지 않아 안 과장은 고민이 많다. 민 팀장의 업무 능력이 많이 떨어지는 것은 물론이고, 넓은 인맥을 자랑하던 것과는 달리 영업에 아무런 도움을 주지 못했다.

가장 큰 문제는 안 과장이 부서장에게 인정을 받기 시작하자 민 팀장의 경계가 시작됐다는 것이다. 보고를 들어가면 비아냥거리는 어조로 보고서를 평가절하하거나, 회의 시간에 공개적으로 업무 스타일에 대해 지적하기도 했다. 안 과장은 팀을 옮긴 지 몇 달 되지 않은 터라 다른 팀으로 가기에도 무리가 있었다. 차라리 회사를 그만두어야 할지 진지하게 고민하고 있다.

애플 창업자 고 스티브 잡스는 직원, 심지어 가족까지도 함부로 대한 것으로 유명했다. 잡스는 자신이 진심으로 사랑한 여자는 5년간 동거한 티나 레지라고 말했다. 그러나 잡스가 그녀에게 청혼했을 때 그녀는 거절했다. '더 함께했다가 살아남을 수 없을 것 같아서'라는 것이 그녀의 이유였다.

대기업 오너 일가의 갑질은 이제 오늘 일이 아니다. 갑질의 심리적 원인으로 가장 많이 지목되는 것은 자기애성 성격이다. 일하는 태도가 맘에 들지 않는다는 이유로 나이 많은 부하직원에게 물컵을 던지는 등의 막말과 행동이 통상적인 수준을 넘어선다. 보통 자기애성 성격장애자는 타인을 매우 불편하게 하기 때문에 사회생활을 하며 고치거나 아니면 도태된다. 하지만 권력자는 성격장애가 있어도 쉽게 고치지 않는다. 그럴 필요성을 전혀 느끼지 못하기 때문이다.

진단기준 8 다른 사람들이 자신을 질투하거나 시기한다고 믿는다.

자기애성 성격장애자는 자신이 어느 누구보다 특출난데 주변에서 자신을 몰라주거나 인정하려 하지 않는다고 생각한다. 따라서 일이 잘못되었을 때 자기합리화Rationalization*와 투사 Projection**의 방어기제가 강하게 나타난다. 심한 경우 가스라이팅 Gaslighting***을 통해 상대방을 현혹시킨다.

자기애성 성격장애 원인 찾기 ¶

인간은 성장 과정에서 어린 시절 자연스럽게 거치는 나르시시즘 단계가 있다. 이 시기에 아이는 부모의 적절한 칭찬을 통해 자신감을 가지고 동시에 타인을 존중하고 배려하는 경험을 해야 한다. 그러나 자기애성 성격장애자의 경우 어린 시절 부모로부터 잘잘못의 개념 없이 본인이 원하는 모든 욕구를 수용받았거나 반대로 무시와 학대로 트라우마를 경험한 경우가 많다. 두 경우 모두 비정상

---

* **자기합리화(Rationalization)** 죄책감 또는 자책감에서 벗어나기 위해 그럴듯한 이유를 들어 자신의 입장을 정당화하는 것
** **투사(Projection)** 수용할 수 없는 자신의 흥미와 욕망을 되레 상대방이 가졌다고 인식하는 것
*** **가스라이팅(Gaslighting)** 타인의 심리나 상황을 교묘하게 조작해 그 사람이 스스로 의심하게 만듦으로써 타인에 대한 지배력을 강화하는 행위. 연극 〈가스등(Gas Light, 1938)〉에서 유래

적인 애착 관계를 맺은 경우로 극도의 찬양과 냉담의 경험으로 자기도취적 사람이 되었을 가능성이 높다.

어린 시절 모든 욕구를 수용받으며 자란 경우는 어린 시절 과잉보호와 수용으로 인해 잘못 형성된 거대한 자기상이 고착되어 성인이 되어서도 자신을 매우 특별한 존재로 인식하게 한다. 일반적으로 아동은 성장하면서 적절한 좌절 경험 또는 규제와 통제 그리고 질책을 통해 자기의 한계를 수용하고 타인의 비판도 받아들이면서 성숙하고 현실적인 자기애를 발전시킨다. 그러나 자기애성 성격장애자는 적절한 시기에 현실적 피드백과 좌절을 경험하지 못했다.

반면 타인의 무시와 학대와 같은 트라우마를 경험한 아이가 자기애성 성격장애가 되는 경우는 어린 시절 부모에게 인정받지 못하고 관심과 사랑을 받지 못한 경험을 통해 자존감의 손상과 무의식적 열등감이 원인인 경우가 많다. 이런 열등감을 감추려는 반작용으로 자기애가 지나치게 커지는 것이다.

그 외에도 어린 시절 적절한 사랑을 받고 자랐으나 도중에 부모의 사망, 이혼 등으로 갑작스런 이별을 경험한 경우도 있다. 또는 가난 등의 상황으로 인해 자신의 재능이나 능력을 발휘하지 못한 경험을 했을 수도 있다. 굴욕감, 무력감, 외로움과 상처의 경험을 타인의 칭찬으로써 보상받고자 한다. 자신만만함이란 방패를 내세워 자신은 특별하고 뛰어난 존재라고 여김으로써 자신을 지키는 것이다. 물론 어릴 때의 이런 경험이 모든 자기애성 성격장애를 만드는 것은 아니다. 개인의 성향이 중요한 차이를 만들기도 하는데, 일란성 쌍둥이를 대상으로 한 연구들에서는 유전적 요인이 환경적 요인보다 크다는 결과도 있다.

비슷해서 헷갈리는 다른 증상들 ¶

자기애성 성격장애 VS 회피성 성격장애

자기애성 성격장애와 회피성 성격장애와의 공통점은 타인의 비판에 대해 과도하게 예민하다는 사실이다. 차이점은 자기애성 성격장애는 비판에 대해 거부하고 자신의 결점을 부인하는 쪽으로 반응하는 반면, 회피성 성격장애는 비판을 쉽게 인정하고 자신이 멍청하거나 가치가 없다고 생각하는 식으로 반응한다.

구분	자기애성 성격장애와의 공통점	자기애성 성격장애와의 차이점
회피성 성격장애	타인의 비판에 대해 과도하게 예민	**자기애성 성격장애** • 비판과 자신의 결점을 부인함 **회피성 성격장애** • 비판을 쉽게 인정함 • 자신이 멍청하고 가치가 없다고 생각함

자기애성 성격장애 VS 연극성 성격장애

자기애성 성격장애와 연극성 성격장애와의 공통점은 늘 타인에게 중요한 사람이 되어야 하고, 어떤 모임에서건 주인공이 되고 싶어 한다는 점이다. 다른 사람의 지지와 인정을 지나치게 요구하기도 한다. 차이점은 자기애성 성격장애는 자신이 '타인에게 중요한 사람이 되어야 한다'고 생각하는 이유가 자신이 남들보다 특출나서 당연히 그럴 자격이 있다고 생각하는 반면, 연극성 성격장애는 그것이 삶의 목적이자 이유이다. 따라서 관심과 사랑을 받기 위해 연극성 성격장애자는 애교, 아양, 눈치, 매력 가꿈 등의 노력을 기울이지만 자기애성 성격장애자는 자신의 존재 자체로 충분하다 생각하기에 노력 따위는 하지 않는다. 특히 의미 있다고 생각하는 사람이 자신에게 관심과 애정을 제공하지 않을 경우 연극성 성격장애는 매우 불안해하고 좌절감을 느낀다. 이때 연극성 성격장애는 자해나 자살 시도가 있을 수 있다. 반면 자기애성 성격장애는 이런 극단적 행동이 덜 나타나며 상대가 사람을 보는 안목이 없다고 생각한다.

구분	자기애성 성격장애와의 공통점	자기애성 성격장애와의 차이점
연극성 성격장애	• 늘 타인에게 중요한 사람, 주인공이 되길 원함 • 타인의 지지와 인정을 지나치게 요구함	**자기애성 성격장애** • 관심과 사랑받기 위한 노력 안 함 **연극성 성격장애** • 관심과 사랑을 받기 위해 노력하고 받지 못하면 좌절하며, 극단적 행동도 시도함

주변에 자기애성 성격장애자가 있다면 …

▌ 그의 특성을 적극 활용하자

자기애성 성격장애자는 자신에게 아무런 문제가 없다고 생각하기 때문에 어떤 설득과 지적을 해도 쉽게 고쳐지지 않는다. 이럴 때 그와 함께하기 가장 편리한 방법은 그의 성격 특성을 적극 활용하는 것이다. 자기애성 성격장애자는 남에게 지기 싫어하며, 자신이 최고여야 하며, 그런 능력도 가졌다고 생각한다. 그런 그의 불안, 경쟁심, 질투심을 자극하는 것이다. 그를 열심히 일하게 만들 엄청난 동기부여가 될 것이다.

▌ 원하는 것을 주어라

칭찬을 좋아하는 것을 넘어 당연하다고 생각해서 적절한 타이밍에 칭찬이 없으면 불쾌감을 느끼거나 화를 내기도 한다. 공개적이든 개인적이든 그에게 칭찬할 타이밍을 놓치지 마라. 그러면 그는 당신을 매우 실력 있고, 사람을 볼 줄 아는 안목을 가진 사람으로 인식할 것이다. 만약 부정적 피드백을 주어야 할 때는 반드시 칭찬과 함께 버무려 표현해야 한다. "최 과장, 역시 혁신적 아이디어는 최 과장을 따라올 만한 사람이 아무도 없어. 그 아이디어에 근거를 조금만 더 붙여보면 완벽해질 거 같아. 역시 우리 팀의 에이스야"라는 식이다.

▌ 그의 질투를 관리하라

당신의 동료가 자기애성 성격장애가 있다면, 당신이 회사에서 인정을 받았을 때 그는 엄청난 질투심에 휩싸일 것이며, 윗선에다 당신의 이미지를 어떻게든 부정적으로 만들기 위해 애쓸 것이다. 따라서 그를 관리할 필요가 있다. 나를 칭찬하는 열 사람보다 의도적으로 당신을 음해하는 한 사람이 더 위험한 법이다. 자기애성 성격장애자는 겉으로는 자신만만해 보이지만 내적으로 아주 약한 사람이다. 즉 자존심은 세지만 자존감은 매우 낮다. 이런 사람에게 적합한 대응법은 그를 높여주는 것이다. 조직에서 인정받는 당신에게 그는 아마도 '잘난 것도 없으면서 자기가 엄청 잘난 줄 알아'라고 생각하고 있을 것이다. 이때 필요한 것은 '나는 내 자신이 잘났다고 생각하지 않는다'는 것을 알리는 것이다. 가장 효과적인 방법은 그에게 '질문'하는 것이다. "박 차장님, 제가 △△아이템 네이밍 작업 중인데…. 참 쉽지 않네요. 이렇게 막힐 때는 차장님이 제일 먼저 떠올라요. 혹시 저에게 해 주실 조언 있으실까요?"라고 하는 것이다. 물론 겉으로 드러나는 반응이 그다지 긍정적이지 않을 수 있다. 하지만 걱정 마라. 그 질문 덕분에 당신에 대한 경계가 조금은 누그러질 것이다. 자신을 낮추고 상대를 높이는 방법으로 질문과 도움 요청만큼 효과적인 것도 없다.

▌치료를 권해 보자

무슨 황당한 소리인가 할 것이다. 자기애성 성격장애는 자신에게 문제가 있다는 생각을 전혀 하지 못하고 자존심이 세기 때문에 치료를 권한다면 엄청난 비난을 받을 수 있다. 하지만 자기애성 성격장애자는 자신에 대한 과한 자신감 때문에 현실에서 많은 좌절감을 겪고 있을 가능성이 높다. 따라서 우울증을 가진 사람들이 많다. 그에게 요즘은 자기계발 차원에서 정신건강도 관리한다고 말하고, 상담을 권유해 보자. 성격의 문제가 아닌 우울증 치료가 목적이라고 말하는 것이다. 그가 상담만 받으러 간다면 그곳의 전문가가 많은 도움을 줄 것이다.

▌깍쟁이 같은 태도도 필요하다

자기애성 성격장애자는 상대방의 호의에 대해 감사하지 않는다. 당연한 것을 받았다는 식이기 때문이다. 당신의 노력, 희생에도 반응을 보이지 않을 뿐더러 더 많은 것을 요구하기도 한다. 이럴 때는 당신이 받은 만큼만 주는 깍쟁이 같은 태도도 필요하다. '노력하면 언젠가는 알아주겠지'라는 생각은 착각이다. 당신이 호의를 베풀수록 그는 더 많은 희생을 요구할 뿐이다. 어느 정도는 선을 그을 필요가 있다. 예를 들어 당신이 큰 기여를 했음에도 불구하고 모든 공을 가로챈 상사에게, 둘이 있는 자리에서 '저도 큰 기여를 했는데 적절한 보상에 신경을 써달라'는 식으로 뜻을 내비치는 것이다. 물론 일을 하다 보면 내가 좀 더 희생하기도 하고 기여하기도 한다. 그런 상황마다 상사에게 이런 요구를 하라는 것이 아니다. 당신의 많은 희생과 기여에도 불구하고 모든 공을 자신에게만 돌리는 자기애성 성격장애 상사를 대할 때 쓰는 요령이다. 만약 당신의 기여도가 크다면 그도 당신의 이런 반응을 쉽게 내치지 못할 것이다. 즉 그에게 당신이 정말 필요한 사람이라면, 당신이 긋는 선에 대해 그도 자신의 태도에 변화를 줄 것이다. 그래도 태도 변화가 없다면 아래 방법을 취해야 한다.

▮ 피할 수 있다면 피하자

자기애성 성격장애 상사와는 되도록 일을 안 하는 것이 좋다. 당신은 계속 착취당할 것이 분명하기 때문이다. 그리고 그 쓰임이 다하면 가차 없이 버려질 것이다. 다른 부서로 이동을 신청해 보거나 다른 좋은 직장을 찾는 것도 방법이다.

내가 자기애성 성격장애로 의심된다면 …

혹시 대인관계 상황에서 초반에는 문제가 없지만 항상 시간이 지나면 사람들과 문제가 생기는가? 주변 사람들에 비해 자신의 능력이 탁월하다고 느끼고 그것을 드러내길 즐기는가? 주변의 따돌림이나 잦은 갈등으로 우울감을 느끼는가? 가족이나 가까운 사람에게 무례하고 자기중심적이란 피드백을 받은 적이 있는가? 앞의 내용에 해당된다면, '혹시 내가 자기애성 성격장애는 아닐까?'란 생각을 해 볼 필요가 있다. 그리고 아래 제시된 방법들을 꼼꼼히 새기길 바란다.

▌비난을 멈춰라

자신이 조금이라도 불편하거나, 자신을 인정하지 않거나, 아니면 누군가가 자신보다 더 인정을 받거나 하면 어김없이 상대에 대한 비난을 쏟아낸다. 또는 그가 없는 자리에서 은근히 그 사람의 흠을 들추어서 비난의 분위기를 조성하기도 한다. 당신의 이런 모습에 주변 사람들은 공감하기보다는 지쳐갈 것이다. 당신의 비난으로 달라질 것은 아무것도 없으며, 당신의 이런 행동은 당신의 좁은 시각, 옹졸한 마음, 치졸한 시기심으로 보이기 때문에 이미지만

나빠질 것이다.

▌타인의 피드백을 일단 수용하라

자기애성 성격장애자는 타인에 대한 비난은 빈번한 반면, 자신에게 하는 비판은 사소한 것이라도 전혀 받아들이지 못한다. 아무리 현실적이고 건설적인 내용이라도 인정하지 못하며, 단지 자신에 대한 공격으로만 받아들여 상대방을 적대시한다. 뒤에서 욕하긴 쉽지만 당사자에게 직접 문제점을 말하는 것은 어느 누구에게도 쉽지 않은 일이다. 만약 누군가가 당신을 조용히 불러 당신에 대해 조언한다면 자기애적 격노Narcissistic Rage를 멈추고 자신을 돌아보길 바란다. 그 사람이 당신 주변에 당신을 진심으로 위하는 몇 안 되는 사람일 수 있다. 그의 조언으로 인해 적어도 최악으로 가는 것을 막을 수 있다. 자신을 변화시키고자 한다면 가장 첫 단계는 자신을 제대로 인식해야 한다. 상대방의 말에 반격하고 싶은 욕구가 휘몰아칠 것이다. 그렇다 할지라도 일단 수용하고 찬찬히 생각해 보자. 물론 상대의 오해였다면 나중에라도 해명할 기회는 있을 것이다.

▌자문을 적극적으로 요청하라

당신에게 먼저 피드백을 해 주는 사람이 있다면 참 고마운 일이지만 당신의 성격으로 쉽게 먼저 피드백을 해 줄 사람은 거의 없을 것이다. 이럴 때는 주변에 나를 잘 아는 훌륭한 사람에게 피드백을 지속적으로 요청해라. 사람의 성격은 잘 변하지 않는다. 이는 변할 마음이 없어서이기도 하지만 구체적으로 무엇이 문제인지를 잘 모르기 때문이기도 하다. 당신에게 제대로 된 피드백을 해 줄 사람을 찾아 진지하게 요청하고 그의 조언을 충분히 수용해라. 평생 옳다는 강한 확신 속에 살지만 그를 통해 그것이 전부가 아니라는 것을 깨닫게 될 것이다.

▮ 실수했을 때 사과하고, 도움을 받으면 감사를 표하라

자기애성 성격장애는 상대방 입장에서 생각하기를 하지 않는다. 자신으로 인해 상대방이 얼마나 실망하고 좌절하는지를 모르기 때문에 사과도 하지 않는다. 물론 그 이전에 의도적으로 상대에게 해가 되는 행동을 하지 말아야겠지만, 실수로 누군가에게 피해를 끼쳤다면 진심으로 사과해야 한다. 또한 상대로부터 받은 친절과 도움에 대해 기꺼이 감사해야 한다. 세상에 당연한 것은 없다. 그가 아무리 당신의 부하직원이라도 감사한 것은 감사한 것이다. 당신의 따듯하고 진실된 말 한마디가 상대뿐만 아니라 당신 자신도 변화시킬 것이다.

▌ 남과 같이하는 체험을 늘려라

취미생활로 팀플레이가 요구되는 활동을 권한다. 당신만 돋보이고 개인 간 경쟁이 치열한 활동은 당신의 자기애성 성향에 불을 붙일 것이다. 물론 이미 이런 활동에 흥미를 느껴 취미생활로 하고 있을 가능성이 높다. 하지만 팀을 위해 자신을 기꺼이 희생하는 활동을 통해 느끼는 감동이 당신이 보지 못한 또 다른 세계를 보여줄 것이다. 그리고 그것이 당신을 성장시킬 것이다.

드라마 속 성격장애

▍스카이 캐슬

드라마 〈스카이 캐슬〉은 대한민국 상위 0.1%가 모여 사는 스카이 캐슬 안에서 일어나는 이야기이다. 자신의 자녀를 명문대학에 보내려는 부모들의 과도한 욕망과 그로 인해 적나라하게 드러나는 사교육 현실을 보여준다.

강준상은 주남대학 병원의 정형외과 교수이자 한서진의 남편, 그리고 강예서의 아빠이다. 그의 말과 행동에서 자기애성 성격장애 특징을 찾는 것은 어렵지 않다. 금수저로 태어나 학창시절 내내 전교 1등을 놓치지 않았고 학력고사 전국 수석을 하며 서울대 의대까지 졸업했다. 항상 최고의 길만 걸어온 그는 항상 자신이 옳다고 믿는다. 그의 목표는 척추센터장에서 기획조정실장을 거쳐 주남대 병원장이 되는 것이었다. 그러기 위해 환자에게 돌아가는 이득보다 병원의 실적에 과도하게 몰입한다. 즉 자기의 이익을 위해서라면 자신이 치료한 환자일지라도 그 사람의 안위, 상황, 감정 등은 안중에 없다. 그뿐 아니라 감정이입 자체가 안 되기 때문에 자신의 동료, 후배 등 그가 맺는 인간관계의 대부분은 일방적인 착취로 이루어진다. 그러나 병원장에 의해 스카우트된 황치영이 척추센터장이 되고, 후배들에게 좋은 평을 받자 과도한 질투심에 사로잡힌다. 그리고 자신의 딸과 같은 학년인 황치영의 아들 우주보다 자신의 딸이 뒤처질까 봐 딸 성적에 집착하기 시작한다. 자기애성 성격장애자들은 자신에 대한 과장된 평가나 인정을 받고 싶은 욕구가 매우 강하고, 자신은 관심과 존경의 대상이 되어야 한다는 생각이 매우 강하다. 이런 강준상에게 황치영의 등장은 그를 매우 분노하게 만들었다. 또한 자기애성 성격장애자는 자신이 높은 지위의 사람들과 어울려야 한다고 생각한다. 자신의 아내 한서진에게 몹쓸 말을 자주 하는데 아내의 집안이 자신과 급이 맞지 않는다고 생각하기 때문이다. 이런 모습은 다른 사람에 대한 공감 결여, 자기중심적 사고의 모습을 잘 보여준다. 그러나 의외로 자기애성 성격장애자들의 내면을 보면 자존감이 매우 낮은 경우가 많다. 매사 높은 자신감을 보이지만 강한 열등감을 지니고 있는 것이다. 어릴 때 칭찬을 제대로 못 받고 컸기 때문에 커서 인정받는 부분에 더 집착하는 것이다. 의사 집안의 아들로 태어나 자신의 노력이 칭찬받기보다 당연시되고, 못하면 비난받는 환경에 자주 노출되었을 가능성이 높다.

두 번째로 주목할 인물은 주남대학 로스쿨 교수이자 노승혜의 남편인 차민혁이다. 차민혁은 자기애성 성격장애와 강박성 성격장애 특성을 동시에 가지고 있지만, 강박성 성격장애의 특성만 언급하겠다. 차민혁은 세탁소집 아들로 태어나 사법시험을 최연소로 합격한 자수성가의 표본이다. 그러다 보니 자신의 생각에 대한 확신이 과도하고, 항상 자신이 옳다고 여긴다. 또한 그런 자신의 생각을 다른 사람에게도 강요한다. 자신과 다른 생각을 가지고 따르지 않는 사람에 대해 강한 거부감을 가진다. 독서토론회에서 자신과 다른 의견을 낸 우주엄마, 아들 차서준에게 틀렸다고 지적하며 강한 적의를 드러내는 모습에서 이런 특징이 드러난다. 입시 코디네이터는 입시 분야의 전문가이지만, 차민혁은 자신이 자녀들에게 해 주는 학습 방법이 더 옳다고 고집한다. 타인의 시선과 평가에 매우 신경을 쓰기 때문에 양심과 도덕에 과도하게 집착하고 타인에게 겸손한 행동을 취한다. 따라서 자신의 수업을 듣는 학교 학생들이나 스카이 캐슬 주민들에게는 부드럽고 예의 바른 사람처럼 보이려고 노력하나 자신의 가족에겐 순종을 강요하는 식의 양면적인 모습을 드러낸다. 평상시에도 메트로놈을 틀어놓아야 편안함을 느낄 정도로 질서와 통제를 원하며 집에서도 정장에 조끼까지 입을 정도로 매사에 완벽함을 추구한다. 겉보기에는 성실한 모범생으로 보이나 따뜻한 감정을 가까운 사람에게조차 잘 표현하지 않는다. 또한 사회적 관습(나이, 직급)을 심하게 따져, 자신보다 아랫사람이 윗사람인 자신에게 복종하지 않으면, 그런 사람과 함께 일하려고 하지 않는다.

7

당신의 마음 따윈
관심 없어!

반사회성 성격장애
(Antisocial Personality Disorder)

반사회성 성격장애 진단하기 ¶

다음 항목 중 3개 이상 해당하고 나이가 최소 18세 이상이라면, 반사회성 성격장애를 의심해 볼 수 있다.

❶ 법에서 정한 사회규범을 준수하지 않고, 구속당할 행동을 반복한다.
❷ 자신의 이익, 즐거움을 위해 거짓말, 사기, 가명 사용을 반복한다.
❸ 자신이나 타인의 안전을 무시하고 무모한 행동을 한다.
❹ 싸움, 폭력 등 공격성을 자주 보인다.

❺ 충동적으로 행동하거나, 계획을 세우지 못하고, 계획을 세웠어도 이행하지 못한다.

❻ 꾸준한 직업 활동을 수행하지 못하거나, 금전적 의무를 이행하지 못하기를 반복하며, 시종일관 무책임하다.

❼ 다른 사람에게 피해를 주는 것(상처, 학대, 절도 등)에 대하여 아무렇지 않게 느끼고 반성하지 않는다.

〈 H기업 생산조립팀 현○○ 사원 인터뷰 〉

(생산조립팀에 배정된 신입사원(박○○)이 3개월 뒤 퇴사를 하면서 자신의 퇴사 이유를 현○○ 사원의 지속적인 괴롭힘 때문이라고 인사팀에 고발했다. 인터뷰 내용은 이와 관련되어 있다.)

현 사원 전 친해지려고 장난을 좀 친 건데 저 때문에 힘들었다고 하니 제가 잘못한 부분이겠죠. 근데 다들 이 정도 장난은 치거든요. 걔가 그렇게 예민한 애인 줄 알았으면 안 했죠.

정 박사 그 장난이란 게 어떤 것인가요?

현 사원 뭐 술 먹고 게임 좀 했어요. 거기서 지면 벌칙을 받는 건데, 그 신입이 게임을 잘 못 하더라구요. 일부러 걔만 괴롭힌 게 아니라 본인이 게임을 잘 못해서 받은 벌칙이었어요. 그게 다예요.

정 박사 기숙사에서 같은 방을 쓰셨다고 하던데, 거기서는 어땠나요?

현 사원 그 자식이 기숙사에서도 괴롭혔다고 하던가요? 숙소에서 막내인데 청소 좀 하고, 선배들 심부름 좀 한 게 그렇게 억울했대요? 그건 저희들도 신입 때 다 겪은 거예요

＊ 실제 신입사원의 진술에 의하면 매일 저녁 술자리로 불러내 강제로 술을 과하게 먹게 했으며, 기숙사 생활에서 청소와 심부름은 물론이고 들어가는 비용 일체를 신입사원에게 부담시켰다고 한다. 또한 신입사원이 퇴사를 결심하게 된 결정적 이유는 현 씨가 술에 취하면 폭력성이 심해져 주변인들과 싸우는 일이 잦았는데, 얼마 전부터는 자신에게도 폭력을 쓰기 시작했다는 것이다.

반사회성 성격장애 파헤치기 ¶

반사회성 성격장애는 18세 이후에 진단받게 되는데, 18세 이전에 품행장애*가 있었다는 분명한 증거가 있어야 이후 반사회성 성격장애로 진단받는다.

보통 청소년기부터 이런 모습이 나타나 인생 전반에 걸쳐 지속된다. 하지만 이런 반복적인 반사회적 행동의 동기가 모호한 경우가 많다. 원만한 대인관계를 형성하지 못하며, 필요에 의해 남을 위하는 체하지만 깊은 정서 관계를 맺지 못한다. 이들은 불안해하거나 우울해야 할 상황에 처했음에도 불구하고 전혀 불안과 우울을 나타내지 않으며, 때로는 자살 위협을 하기도 하지만 실제로 자살하는 경우는 드물다. 대중매체에서 한 번씩 등장하는 잔인한 범죄자들에서 반사회성 성격장애의 특성을 볼 수 있다. 반사회성 성격장애는 전체 인구에서 남자의 3~6%, 여자의 1% 정도가 해당되며, 교도소 수용자의 75%가 반사회성 성격장애라는 보고가 있다. 그

---

* **품행장애** 품행장애 아동은 신체적 폭력이나 위협, 재산파괴, 사기나 도둑질, 심각한 법 위반과 같은 폭력적이고 무책임한 행동을 반복적으로 보인다. 신체적 폭력으로는 동물 학대, 타인에게 돌 등의 무기로 신체적 상해, 위협하고 협박하는 깡패 행동, 빈번한 육체적 싸움, 강간이나 성폭행과 같이 타인에게 성적 행위 강요 등이다. 재산파괴는 타인 재산에 고의적 손상을 입히는 것으로, 타인 집이나 재산에 불을 지르거나 학교의 기물을 파손, 자동차에 흠집 내는 등의 행동이다. 사기나 도둑질은 자신의 이득을 위한 잦은 거짓말, 약속 불이행, 물건 훔치는 것 등이 포함된다. 특히 이 장애를 지닌 아동이나 청소년은 학교나 가정의 규칙을 지키지 않으려 한다. 예를 들면, 귀가 시간을 지키지 않거나 가출을 하고, 혹은 학교에서 무단결석이 빈번하다.

출처 [네이버 지식백과] 품행장애 (상담학 사전, 2016. 01. 15., 김춘경, 이수연, 이윤주, 정종진, 최웅용)

러나 거짓말이나 사기가 빈번히 나타나고, 양심의 가책을 느끼지 못하며, 사회적 규범을 따르지 않는 행동을 하는 사람은 조직 내에서도 찾아볼 수 있다.

진단기준 1 **법에서 정한 사회규범을 준수하지 않고, 구속당할 행동을 반복한다.**

도덕, 양심과 불법을 지각할 수 있으나, 큰 문제가 되지 않는다고 생각한다. 필요하다면 타인을 속이고, 학대하고, 범죄 행위를 하는 데에 서슴지 않는다. 빈번히 구속당할 행동의 경계를 오가며, 실제 체포당할 행동을 반복하기도 한다. 반사회성 성격장애자는 금연구역에서 담배를 피운다거나, 교통법규를 어기는 정도가 아니라 형법에 상당히 위반되는 행동을 한다. 가게에서 물건을 훔치고, 가정집에 불법 침입을 하고, 무기로 사람을 공격하고, 때로는 흉악한 살인을 저지른다. 조직 내에서는 수백만 명의 삶에 영향을 미치는 경제 범죄를 저지르고, 회삿돈을 횡령하고, 회사 기물이나 용품을 편취하는 행동을 한다. 동료를 성폭행이나 성추행하고, 자신의 말을 잘 따르지 않거나 일을 제대로 하지 않는다는 이유로 폭력을 쓰기도 한다.

진단기준 2 **자신의 이익, 즐거움을 위해 거짓말, 사기, 가명 사용을 반복한다.**

특별한 이유가 있어서 불가피한 거짓말이 아닌 개인적 이익과 즐거움을 위해 입만 열면 거짓말을 한다. 미국 정신의학회에서 반사회성 성격장애의 가장 중요한 진단기준이 빈번한 거짓말을 하는 것이다. 사소한 것이라도 거짓말을 빈번히 하는 것은 아주 중요한 징조이다. 지능이 낮은 반사회성 성격장애자는 자기 행위를 은폐하거나 돈, 마약, 섹스 혹은 다른 즐거움을 얻으려고 사람들을 속인다. 하지만 머리가 좋지 않다 보니 거짓말이 치밀하지 못하고 일관성도 없어서 쉽게 들통난다. 대조적으로 지능이 높은 반사회성 성격장애자는 거짓말에 매우 능하다. 남을 교묘히 속여서 이익을 취하는 사기꾼이 많다. 이들은 논리적으로 거짓말을 할 뿐만 아니라 외형적으로도 그럴듯하게 보여야 한다는 것을 잘 안다. 따라서 부유한 척을 하거나 위조된 증명서를 이용하기도 하고, 논리적인 언변, 매력적이고 친절한 행동으로 사람을 속인다.

진단기준 3 자신이나 타인의 안전을 무시하고 무모한 행동을 한다.

부적절한 행동에 대해 보통 사람들이 느끼는 두려움, 공포감을 반사회성 성격장애자는 현저히 적게 느낀다. 행동에 대한 부정적 결과를 최소화하여 지각하기 때문이다. 타인의 물건을 훔치는 상황에서 보통 사람들이 극도로 긴장하고 또 훔치고 나서도 혹시나 들통이 날까 봐 계속 마음을 졸인다. 또는 죄책감을 느끼게 된다. 하지만 반사회성 성격장애자는 훔치는 상황에서도 공포심을 덜 느끼고 훔치고 난 다음에도 양심의 가책을 못 느끼며, 훔친 것이 들통날 것이라고 생각하지 않는다. 이런 점이 반사회성 성격장애자가 무모한 행동을 반복적으로 하게 되는 이유이기도 하다. 금지된 약물을 투여하고, 규정을 심각히 넘긴 속도로 운전을 하고, 무분별하고 문란한 성생활을 하면서도, 자신은 결코 체포되지 않을 거라고 자신한다. 사고로 사망하지도 않으며 에이즈에 걸려 죽는 일도 없을 거라고 과신한다.

진단기준 4 싸움, 폭력 등 공격성을 자주 보인다.

성급하고 공격적이며 싸움이나 폭력적 행위를 반복한다. 사소한 갈등에서 폭발적인 반응을 보이는데, 운전하다가 별것 아닌데 심각하게 반응을 보이는 것은 중요 사인이다. 상대 운전자에게 폭언을 하고 따라가서 보복 운전을 하는 행동을 하기도 한다. 반사회성 성격장애자는 대부분 성급하고 공격적이지만, 이런 행동은 주로 지능이 낮은 반사회성 성격장애자에게 빈번히 나타난다. 이들은 다른 사람과 자주 대립하는데, 이런 대립은 공격행위와 싸움으로 이어지고, 공격성에 충동성이 결합되면 물리적 싸움이 벌어지기 쉽다. 그 때문에 교도소에 가게 되는 경우도 많다. 체포된 후에도 교도소 안에서 문제를 일으켜 출소가 늦어지는 경우가 많다.

박○○(남, 28세) 씨는 얼마 전까지 근무한 B 중소기업 현장직 일을 관두고 현재 무직 상태이다. 직장에서 난폭하고 충동적인 언행으로 몇 번 문제를 일으켰으며, 최근에는 사소한 일로 동료와 다툼이 일어났는데 주먹을 휘둘러 동료를 크게 다치게 했기 때문이다. 소송까지 안 가는 대신 박 씨가 회사를 그만두는 것으로 마무리 지었다. 박 씨는 욱하는 일이 잦아 전 직장에서도 유사한 일로 그만두었고, 폭력 전과도 있다. 학창 시절 가출과 무단결석을 빈번히 하여 고등학교를 졸업하지 못해 검정고시를 보았고, 거짓말을 하여 가족들에게 돈을 뜯어낸 이후로는 연락도 끊은 상태이다.

진단기준 5 **충동적으로 행동하거나, 계획을 세우지 못하고, 계획을 세웠어도 이행하지 못한다.**

충동적으로 행동하거나 미리 세운 계획을 이행하지 않는다. 그러나 반사회성 성격장애자는 지능에 따라 어떤 식으로 행동할지 결정되는데, 일반적으로 지능이 낮으면 감시카메라를 무시하고 편의점에서 강도짓을 하며, 사전 조사 없이 아무 집이나 무단 침입해 집주인과 마주쳐 몸싸움을 벌이기도 한다. 그러나 지능이 높을수록 은밀하게 행동하고 치밀하게 범죄를 계획하고 실행한다. 이들은 충동적인 경우가 드물고 범죄에 능하며, 대부분 범죄를 성공적으로 마친다. 범죄를 저지르는 집단에 속해 활동하기보다는 혼자 일하려고 한다. 범죄에 가담하는 사람이 많을수록 발각될 가능성이 높다고 생각하기 때문이다.

진단기준 6 꾸준한 직업 활동을 수행하지 못하거나, 금전적 의무를 이행하지 못하는 게 반복되며, 시종일관 무책임하다.

학업을 다 마치지 못하는 경우가 많으며, 학교에 매일 출석하는 일을 못한다는 것은 이들의 무책임한 면을 잘 보여준다. 그래서 비행을 계속하다가 퇴학당하지 않아도 자퇴를 하거나 퇴학당할 때까지 무단결석한다. 직장에서도 무책임한 그들은 일자리를 찾는 데에도 관심이 없지만, 억지로 직장생활을 시작해도 지각이나 결근, 업무태만으로 해고당하기 일쑤다. 이들은 재정적인 문제에도 무책임한데, 무턱대고 신용카드 장기할부로 자동차를 구입해 놓고 갚지 못하고, 돈을 벌면 카드 할부금이나 대금을 갚기보다 유흥에 탕진하거나 충동구매로 다 써버린다. 이들은 법정이 명령한 이혼수당과 자녀 양육비를 주지 않는 것으로도 악명이 높다.

진단기준 7 다른 사람에게 피해를 주는 것(상처, 학대, 절도 등)에 대하여 아무렇지 않게 느끼고 반성하지 않는다.

다른 사람의 입장, 마음에 대해 아무런 관심이 없다. 오로지 자신의 즐거움, 이익, 안위를 위해 움직인다. 자신을 위해 움직이는 동안 누군가가 자신으로 인해 피해를 보는 것은 안중에 없다. 회삿돈 수천만 원의 공금을 횡령하다 들켜놓고 자신의 노동에 대한 정당한 대가를 지불하지 않아 스스로 챙겼다고 생각하거나, 이렇게 훔쳐갈 수 있게끔 한 허술한 회사의 보안시스템을 탓한다. 성희롱과 성추행의 행동을 하고도 상대가 자신을 유혹했거나 평소 행실이 나빴다는 황당한 말로 자신의 행동을 합리화한다. 당연히 이들에게 양심의 가책은 존재하지 않으며 죄책감도, 자신이 한 행동에 대한 후회도 없다. 따라서 그들이 표현하는 사과와 후회의 표현은 자신의 죄를 가볍게 하기 위한 의도이지 절대 솔직한 반응은 아니다.

그럼에도 불구하고 반사회성 성격장애자의 특성은 사회의 영향력 있는 사람들에게 필요한 특성과 잘 매칭되면서 최상위 계층에 오르는 경우도 흔치 않게 볼 수 있다. 공감 능력이 없고, 측은지심, 죄책감이 의사결정에 영향을 주지 않기 때문에 판단과 행동이 자유롭다. 윗선의 불합리한 지시도 자신의 성공과 이익을 위해서라면 비록 그 일이 지저분하고 도덕적으로 옳지 않은 일이라도 주저하지 않고 해낸다. 따라서 조직 내 힘없는 부서에서 묵묵히 자신의 일을 하기보다 상위계급에서 근무하며 자신의 영향력을 확장해 나가고 있을 확률이 매우 높다.

＿＿＿

모 웹하드 업체 양○○ 회장의 갑질 행동 영상이 공개되면서 큰 충격을 주었다. 영상에 따르면 그는 사무실 내에서 직원을 무차별

폭행하고 임직원들에게 빨간색·노란색·파란색·초록색 등으로 머리 염색할 것을 강요한다. 물론 자신이 원한다면 다양한 색으로 염색하는 것은 큰 문제가 되지 않는다. 하지만 이 경우는 양 회장이 식사를 하다가 음식 색깔 중 마음에 드는 색이 있으면 함께 있는 직원을 지목하며 "야, 너 내일까지 이 색깔로 염색하고 와"라고 강요한 것이기 때문에 문제가 된다. 또한 회사 워크숍에서 직원들에게 활과 칼을 나눠주고 살아있는 닭을 죽이라고 지시를 했다고 한다. 한 번도 도살에 대한 경험이 없을 가능성이 높은 직원에게 그런 지시는 매우 가혹한 행동이다. 양 회장의 행동은 반사회성 성격장애의 특성을 많이 보여준다.

반사회성 성격장애 원인 찾기

반사회성 성격장애는 유전적 요인이 크게 작용하는 성격장애 중 하나이다. 범죄 일치율과 관련한 쌍둥이 연구에서 이란성 쌍둥이보다 일란성 쌍둥이일 때 두세 배 높게 나타났다. 뇌파 활동을 통해 충동통제와 사회적 성숙발달 정도를 측정하는 뇌파 분석에서 반사회성 성격장애자는 일반 성인보다 느린 뇌파 패턴을 보였다. 또한 많이 언급되는 원인 중 하나로 MAO-A(모노아민산화효소) 활동에 관한 연구가 있다. MAO-A 유전자는 뇌에서 행복 호르

몬으로 불리는 세로토닌과 도파민 같은 신경전달물질을 분해하고 MAO-A를 만들어내는 역할을 담당한다. 연구에 따르면 MAO-A 활동이 낮은 아이들이 자라서 반사회적인 문제를 더 많이 일으킨 다는 것이다. MAO-A는 사람의 염색체 X, Y 중에 X염색체에 존재 한다. 따라서 남자가 불리한데, 여자는 XX염색체이고 남자는 XY 염색체라서, 여자는 X염색체 하나가 잘못되면 나머지 하나가 있어 서 가능하지만 남자는 그렇지 않기 때문이다. 이 연구는 반사회성 성격장애에 남성이 더 많은 이유를 설명한다. MAO-A유전자 연구 에서 반사회성 성격장애가 나타났던 사람들은 어릴 때 부모의 가 혹한 양육 혹은 방치를 겪은 집단이었다. MAO-A유전자의 낮은 활동과 환경이 상호작용했다는 것을 알 수 있다.

또한 아동기 트라우마나 불안정한 애착 형성이 반사회성 성격 과 연관된다. 아이들은 자신을 안아주고 젖을 먹여주는 사람의 기 쁘고 슬픈 얼굴 표정을 통해 정서적 유대감을 경험하고 이를 통해 공감 능력을 형성한다. 그러나 그 시기를 놓치면 공감 능력을 평생 배우지 못하게 되고, 이는 죄책감과 양심 등의 발달을 저하시킨다. 또한 심한 학대와 방치 속에서 자란 아이들은 적대적 환경에 대한 방어기제로 자기중심적이 되며, 살아남고 성공하기 위해 다른 사람 들의 말을 신뢰하지 않는다. 결국 자신 이외에는 누구도 중요하지 않으며, 자신의 이익을 위해서라면 다른 사람에게 해를 끼치는 행 동도 정당하다고 생각한다. 그 반대로 어린 시절 지나치게 응석받

이로 자란 경우에도 발현된다. 부적절한 행동을 적절히 눈감아 주고 넘어간 결과, 매우 자기중심적이고 자신이 틀릴 수 없으며 자신이 법보다 옳고 중요하다고 믿는 사고방식을 갖게 된다. 아이는 아무런 통제 없는 환경에서 자신의 행동에 대가를 치르거나 책임지는 경험을 해 본 적 없이 성장한다.

비슷해서 헷갈리는 다른 증상들 ¶

소시오패스 VS 사이코패스

미국 정신의학회는 정신질환 진단과 통계 편람 3판(DSM-3)에서 사이코패스를 반사회성 성격장애Antisocial Personality Disorder의 하위 개념으로 포함시켰다. 그러나 DSM에서는 법이나 보험 적용 시에 발생할 수 있는 혼란을 없애기 위해 질환에 대한 정의를 겉으로 드러나는 증상에 치중한다. 따라서 명백한 반사회적 행동이나 범죄 행동을 저지르지 않은 사이코패스의 경우 반사회성 성격장애에 해당되지 않는다고 본다. 또한 명백한 반사회적 행동이나 범죄 행동을 저절렀다고 하더라도 사이코패스와 반사회성 성격장애를 완전히 동일한 질환으로 볼 수 없다. 소시오패스라는 용어는 정신분석학 및 심리학에서 사용되는 정식 용어가 아니지만, 심리학자들은 흔히 사용하고 있다.

우선 소시오패스와 사이코패스를 정리하면 다음과 같다. 소시오패스는 '소시오Socio'와 병리 상태를 의미하는 '패시Pathy'의 합성어다. 유전이라는 선천적 성향과 후천적 환경 예컨대 어린 시절 학대 등의 경험이 결합하여 발생한다. 학대의 트라우마로 충동성과 폭력성이 강하다. 소시오패스는 후천적 영향도 있기 때문에 보편적 윤리 관념에 따라 선악을 구분할 수 있다. 다만 공감 능력이 떨어지고 죄책감이 없어서 나쁜 행동이라는 것을 알고 있으면서도 자신의 목적달성을 위해서 아무렇지 않게 행한다. 또한 그 행동이 발각되면 책임을 회피하고 거짓말과 동정심 유발로 위기를 모면하려한다. 반면 사이코패스는 유전적 성향이 강하다. 태어날 때부터 전두엽과 측두엽의 기능이 결핍 또는 상실된 상태로 인해 감정과 공감 능력이 없다. 따라서 타인의 고통에 전혀 공감하지 못하며 감정 수준이 매우 낮다. 법적 윤리적 개념을 형성하지 못하여 옳고 그름을 판단하지 못한다.

소시오패스(Sociopath)	사이코패스(Psychopath)
• 선천, 후천 결합의 결과 • 윤리 관념에 따른 선악 구분 가능 • 공감 및 죄책감 떨어짐	• 선천적 결과 • 윤리 관념에 따른 선악 구분 못함 • 공감 및 죄책감 떨어짐

반사회성 성격장애 VS 편집성 성격장애

반사회성 성격장애와 편집성 성격장애와의 공통점은 둘 다 의도를 가지고 상대를 괴롭히고 해를 끼치는 행동을 한다는 점이다. 단 차이점은 그런 행동이 반사회성 성격장애자는 복수로 비롯되기도 하지만 자신의 이익추구, 단순 즐거움을 위한 욕구에서 기안한다면, 편집성 성격장애자는 자신에게 해를 끼친 상대에게 복수하고자 하는 욕구에서 기인한다는 점이 다르다.

구분	반사회성 성격장애와의 공통점	반사회성 성격장애와의 차이점
편집성 성격장애	의도를 가지고 타인을 괴롭히고 해를 끼침	**반사회성 성격장애** • 복수, 이익추구, 즐거움 등의 욕구에서 기인함 **편집성 성격장애** • 복수하고자 하는 욕구에서 기인함

반사회성 성격장애 VS 연극성 성격장애

반사회성 성격장애와 연극성 성격장애와의 공통점은 충동적이고, 흥분을 추구하고, 무모한 행동을 한다는 점이다. 또한 상대를 자신이 원하는 대로 조정하기 위해 유혹적 행동뿐만 아니라 성적 접근도 불사할 정도로 과감하다. 차이점은 연극성 성격장애자는 관심, 인기, 보호를 얻어내기 위해 주로 성적 매력과 언어로 상대를 조정한다. 반면 반사회성 성격장애자는 이익, 권력, 금전 또는 이와 비슷한 목적을 달성하기 위해 상대를 조정한다. 상대를 조정하는 방법은 거짓말, 사기, 협박 등 훨씬 더 비도덕적이고 법의 위반을 불사한다는 점에서 연극성 성격장애와 차이가 있다.

구분	반사회성 성격장애와의 공통점	반사회성 성격장애와의 차이점
연극성 성격장애	• 충동적, 흥분 추구, 무모함을 보임 • 상대를 조정하기 위한 유혹적 행동을 함	**반사회성 성격장애** • 이익, 권력, 금전적 목적을 위해 상대를 조정함 **연극성 성격장애** • 관심, 인기, 보호를 얻기 위해 상대를 조정함

반사회성 성격장애 VS 자기애성 성격장애

반사회성 성격장애와 자기애성 성격장애와의 공통점은 목적을 위해 타인을 이용하는 착취적 대인관계의 모습을 보인다는 점과 상대에 대한 공감 능력이 떨어진다는 점이다. 차이점은 자기애성 성격장애는 다른 사람이 자신을 어떻게 보는지에 지나치게 집착하며, 높은 사회적 위치의 사람을 만나는 이유도 자신의 가치와 이미지 향상에 도움이 되기 때문이다. 반면, 반사회성 성격장애자가 높은 사회적 위치의 사람을 만나는 이유는 오로지 자신의 이득을 위해서라는 점에서 차이가 있다.

구분	반사회성 성격장애와의 공통점	반사회성 성격장애와의 차이점
자기애성 성격장애	• 착취적 대인관계 • 공감 능력 떨어짐	**반사회성 성격장애** • 자신의 이득을 위해 사회적 위치가 높은 사람들과 교류함 **자기애성 성격장애** • 타인이 보는 자신의 이미지에 집착. • 자신의 이미지 향상을 위해 사회적 위치가 높은 사람을 만남

대 처 방 법

주변에 반사회성 성격장애자가 있다면…

▌자극하지 말고 절차대로 하라

반사회성 성격장애자는 일반인보다 매우 충동적이며 자존감이 낮고 폭력적이다. 또한 복수를 위해 자신의 안위를 따지지 않고 복수에만 매몰되어 상대를 크게 해칠 수도 있다. 따라서 그가 당신에게 적개심을 불러일으키는 행동을 해도 그를 감정적으로 자극하거나 도발하게 만드는 것은 매우 위험할 수 있다. 냉정함을 잃지 않도록 애쓰며, 위법 행동일 경우 사내 프로세스나 법 절차에 따르고 이에 맡기는 것이 현명하다.

▌사전 예방법을 찾아라

함께 일하는 동료 중에 반사회성 성격장애가 있다면 되도록 개인의 양심에 맡겨야 하는 업무는 배제하거나 다른 사람과 함께하여 크로스 체크가 되도록 하는 것이 좋다. 작게는 팀 비용을 관리하거나, 부서 사무용품을 관리하는 일에서부터 업체 선정 업무 또는 장기출장을 보내거나, 현장 관리의 총 책임을 맡기는 일 등이 될 수 있다. 이들의 위법 행위는 결코 면죄부가 될 수 없지만 이들의 유전과 환경적 특성으로 이미 가진 성격적 특성이 있는 만큼 사후 처벌만이 대책이 아니며 사전 예방법을 찾는 것도 필요하다.

▌현실적 처벌을 강조하라

사람은 쉽게 변하지 않는다. 특히 공감 능력이 떨어지는 반사회성 성격장애자에게 조언과 충고를 하는 것은 그들을 변화시키는 데 효과가 크지 않다. 다만 이들은 자신의 행동으로 인해 얻는 이득보다 괴로움이 클 때 변화한다. '이런 행동을 그만두지 않으면 팀장님과 의논할 수밖에 없다'든가, '연말 고과점수가 좋지 않을 것이다' 또는 '우리 팀에서 계속 일하기 힘들 것이다'라든가 아니면 '앞으로 한 번만 더 이런다면 인사팀에 신고를 하겠다'라는 말이 그들에게 훨씬 효과적이다.

▌ 피할 수 있다면 피해라

이들은 자신의 이익과 즐거움을 위해서는 양심과 도덕쯤은 가볍게 무시하며 위법 행위도 심심치 않게 넘나든다. 그리고 상황에 따라 당신에게 아주 큰 위험을 초래할 수도 있다. 따라서 되도록 안 마주치는 것이 최상이다. 친구라면 되도록 지금 당장이라도 관계를 끊을 것을 권한다. 그리고 당신의 같은 팀 선배 중에 이런 사람이 있다면 다른 부서로 이동하거나 어렵다면 이직을 준비하라고 권하고 싶다. 그 사람 옆에 있어서 좋을 일이 하나도 없다. 만약 가족이라면 어떻게든 잘 설득해서 병원치료를 받도록 해야 한다. 상담과 약물치료를 통해 충동성, 폭력성은 많이 조절할 수 있다.

대처방법

내가 반사회성 성격장애로 의심된다면 …

▌ 직업이나 취미로 승화하라

당신에게 있는 충동성과 공격성, 낮은 공감력을 승화시켜 직업으로 가질 수 있다. 파일럿, 형사, 외과의사, 건설현장직, 직업군인, 카레이서, 스턴트맨 등의 직업이 만족감을 줄 수 있다. 직업이 아니라면 취미로 스카이다이빙, 암벽등반, 사냥, 격투기 등을 통해 사회

적으로 용인되는 형태로 감정을 분출할 기회를 스스로 주는 것도
도움이 된다.

▌ 자제력을 높여라

충동적이고 공격적인 행동은 항상 주변에 위험이 도사리는 상
황을 만드는 것과 같다. 따라서 자제력을 기르는 것이 무엇보다 중
요하다. 그러려면 우선 자신이 어떤 상황에서 자제력을 잃는지부터
파악해 보는 것이 필요하다. 술을 마시면 그러는지, 특정한 말에 반
응하는지, 운전을 할 때 그러는지, 잔소리를 들으면 그러는지 구체
적으로 자신의 모습을 살펴볼 필요가 있다. 그리고 그때마다 어떻
게 자신의 행동을 통제할 것인지를 구체화시켜야 한다. 스스로에게
거는 주문이 될 수도 있고, 되도록 자제가 안 되는 상황을 피하는
것도 방법이다.

▌ 전문가의 도움을 받아라

전문가의 상담과 약물치료를 병행하는 것도 도움이 된다. 약물
치료는 폭력성과 충동성을 억제시키는 데 많은 도움이 된다. 특히
우울증, 불안증, 중독 문제, 자해 등이 동반될 경우에는 약물치료가
효과적이다.

드라마 속 성격장애

▌ 별에서 온 그대

드라마 〈별에서 온 그대(이하 별그대)〉는 한국에서뿐만 아니라 중국에서도 25억 뷰를 넘기며, 중국인들에게 치맥을 비롯한 한국식 품, 한국인에 대한 호감도까지 상승시켰다. 별그대는 400년 전 지구에 떨어져 정착한 외계인 도민준과 한류 여신 톱스타 천송이의 로맨스 드라마이다. 이 드라마에는 다양한 성격장애를 가진 주인공들이 등장한다.

국민 배우이자 한류스타로 등장하는 천송이는 자기애성 성격장애 특성을 많이 가졌다. 초·중·고를 내내 촬영장에서 보내며 제대로 된 학교 교육을 받아보지도 못했고, 또래 친구들과 어울려 보지도 못했다. 그래서 그녀는 상식도 없고 안하무인인 모습을 보이기도 한다. 이런 그녀 모습 때문에 안티 팬들도 매우 많다. 잘 나가는 스타로 부러울 것 없고 매우 당당해 보이지만, 그녀는 집을 나간 아버지, 돈만 밝히는 어머니를 둔, 평탄하지도 화목하지도 않은 가정사를 가졌다. 즉 주변에 사람은 많지만 실제는 따뜻함을 나눌 가족도 친구도 없는 것과 마찬가지다. 이런 슬픔, 외로움, 상처를 인기와 칭찬으로 보상받으려 한다. 400년 전 조선 땅에 떨어진 외계인 도민준은 매우 시니컬하고 냉소적이다. 인간들이 말하는 남녀 간의 사랑은 결국 질투, 성욕, 소유욕, 연민 내지는 착각이라 단정 짓는다. 남에게 관심이 1도 없으며 피도 눈물도 없다. 당연히 친한 친구도 거의 없다. 심지어 동료들과 그 흔한 회식 한번을 한 적이 없을 정도로 사람들과의 접촉을 극도로 꺼린다. 외계인이란 신분을 숨겨야 한다는 상황이 친밀한 대인관계를 꺼리는 데 큰 역할을 했을 것이다. 하지만 철저히 고립된 자신의 생활에 전혀 불편함이 없이 오히려 편안해 보인다는 점에서 이유야 어쨌든 현재의 모습은 조현성 성격장애자로 보인다.

마지막으로 재벌그룹의 후계자인 이재경은 반사회성 성격장애자다. 자신에게 거슬리는 행동을 하거나 자신의 이익을 위해서라면 수단과 방법을 가리지 않는 극도의 잔인함을 보여준다. 사람을 감금하거나 무참히 살해하는 등 밝혀진 피해자만 5명 이상이다. 자신의 애인과 친형을 살해할 만큼 공감 능력이 떨어지고 충동적이고 공격적이다.

8
버리지만 말아요!

의존성 성격장애
(Dependent Personality Disorder)

의존성 성격장애 진단하기 ¶

다음 항목 중 5개 이상 해당이 된다면 의존성 성격장애를 의심해 볼 수 있다.

❶ 다른 사람의 조언과 확언이 없으면 일상적인 결정을 내리기 어렵다.

❷ 자기 인생의 매우 중요한 영역까지도 책임져 줄 타인이 필요하다.

❸ 동기나 능력이 부족하다기보다 판단력 혹은 자신감 부족 때문에 어떤 일을 시작하거나 수행하기를 어려워한다.

❹ 지지나 승인을 잃을지 모른다는 두려움 때문에 타인의 의견에 반대하지 못한다.

❺ 타인의 보살핌과 지지를 받기 위하여 심지어 꺼려지는 일도 자청해서 한다.

❻ 스스로 잘해나갈 수 없다는 두려움으로 인해 혼자 있으면 불안하고 무기력함을 느낀다.

❼ 어떤 친밀한 관계가 끝났을 때 곧바로 보살핌과 지지를 해 줄 다른 사람을 찾는다.

❽ 스스로 자신을 돌봐야 하는 상황에 처할지도 모른다는 두려움에 비현실적으로 집착한다.

〈H정부기관 △△팀 조○○ 팀장 인터뷰〉

조 팀장   제가 올해 팀장이 되었는데요. 솔직히 너무 힘들어요. 팀원일 때는 직장생활 하는 게 이렇게 힘들다고 느껴본 적이 없어요. 매번 함께했던 선배님들이나 팀장님들과 관계도 좋았고 업무에 있어서 신뢰도 많이 받았어요. 어려운 일 있으면 항상 팀장님과 의논하고, 해결해 나가다 보니 큰 불만을 가질 것도 없었어요. 그런데 올해 제가 팀장이 된 이후로 너무 많은 것이 달라졌어요.

정 박사   조 팀장님을 힘들게 하는 것이 구체적으로 무엇인가요?

조 팀장   팀장이 되면서 알았어요. '내가 어떤 의사결정을 내리는 데 어려움이 많구나? 생각해 보면 중요한 결정은 어릴 때는 부모님이 해 주셨고, 결혼해서는 남편한테 많이 의지했던 거 같아요. 남편이 가끔 "뭐 이런 거까지 물어보냐?"고 하면 전 "내가 결정장애가 좀 있어"하고 그냥 넘겼는데요. 팀장이 되고 나서 팀원들이 저에게 결정해 달라고 하면 계속 주저하게 되고, 결정해야 하는 순간이 되면 숨이 막힐 것 같이 너무 힘들어요. 전 누가 이거 하라고 결정해 주면 그냥 그거 하는 게 제일 좋거든요. 그래서 처음에는 팀 내 차석에게 많은 것을 의논하고 그 사람이 결정하는 대로 진행을 했어요. 그런데 지금은 그도 약간 이상하다고 눈치를 챈 듯한 느낌이에요. 자신에게 많은 것을 물어보는 저를 좀 부담스러워하는 거 같기도 하고…. 제가 절 봐도 팀장 일을 안 하고, 여전히 팀원처럼 일하고 있어요.

정 박사 결정을 스스로 내리는 데 어려움을 느끼게 하는 것은 무엇인가요?

조 팀장 제가 결정하면 뭔가 잘못될 것 같아서요. 혼자 결정하는 것보다 많이 물어보면 좋은 거 아닌가요? 실수를 줄일 수도 있고…. 그냥 제가 한 번도 혼자 결정해 보지 않아서 결정하는 방법을 모르는 게 아닌가 싶기도 해요.

의존성 성격장애 파헤치기 ¶

의존성 성격장애란 주변 사람들로부터 보호받고자 하는 욕구가 지나쳐 주변 사람들에게 끊임없이 매달리고, 상대로부터 거절될까 두려워 무리한 요구를 해도 순종적으로 응하는 성격장애를 말한다. 유병률은 평균 0.5%이며, 여성에게 조금 더 많다. 여성들이 남성보다 신체적 불리함으로 과보호를 받고 자라는 확률이 높고, 여자는 착하고 고분고분하고 조신해야 한다는 사회적 교육의 결과 때문이기도 하다. '착한 여자 콤플렉스'가 의존성 성격장애의 여성 비율을 높이는 데 영향을 주기도 한다. 의존성 성격장애자는 대인관계가 대체로 협소하며 의지하는 몇 사람에게만 국한되는 경향이 있다. 처음에는 부모였다가 성인이 된 후에는 부모의 역할을 대신할 친구, 애인, 배우자를 찾는다. 반사회성 성격장애자와 의존성 성격장애자가 만나면 흔히 '잘못된 만남'이라고 부른다. 특히 의존성 성격장애자 입장에서 절대 만나면 안 되는 조합이다. 하지만 안타깝게도 현실 세계에서 이 둘은 연결되는 경우가 많다. 계속 읽다 보면 그 이유를 이해하게 될 것이다.

진단기준 1 **다른 사람의 조언과 확언이 없으면 일상적인 결정을 내리기 어렵다.**

진단기준 2 **자기 인생의 매우 중요한 영역까지도 책임져 줄 타인이 필요하다.**

스스로 무언가를 결정하고 실행하는 데 비현실적으로 두려움이 크다. 그래서 끊임없이 주변에 물어보고 재확인을 반복한다. 타인의 조언이나 재확인이 없으면 일상적인 것뿐만 아니라 삶의 중요한 결정에도 어려움을 겪는다는 점이 의존성 성격장애의 특징이다. 안타깝게도 의존성 성격장애자 옆에는 집착하는 부모 특히 엄마가 많다. 아이가 실수하지 않고 시간 낭비하지 않게 하기 위해 부모가 결정해 주는 꽃길만 걷게 한다. 하지만 평생 엄마가 모든 결정을 대신해 줄 수 없기에 비록 실수를 하고 시간 낭비를 하더라도 아이는 자신의 문제에 대해 깊게 고민하고 스스로 결정하고 그 결정에 책임지는 경험이 필요하다. 어릴 때는 '무슨 옷을 입을까, 용돈도 별로 없는데 저걸 꼭 사야 할까, 수학 점수가 떨어지는데 지금 학원을 다녀야 할까' 등이 선택의 순간일 수 있다. 물론 아이가 선택을 많이 힘들어한다면 부모가 의견을 줄 수 있으나, 최종 결정은 아이 본인의 몫이어야 한다. 이런 선택의 경험들이 쌓이면 점점 더 현명한 선택을 하는 데 자양분이 된다. 그러나 안타깝게도 의존성 성격장애자는 성장하면서 이런 경험을 할 기회가 없다. 따라서 대학에 가서도 어떤 친구를 사귀어야 하는지, 시간표는 어떻게 짜야 하는지, 공강 시간에는 무엇을 해야 하는지 같은 사소한 일상생활에서도 부모의 지침을 받아들인다. 직장에 다니면서도 부모에게 업무 관련 문제나 직장 상사와의 관계 등에 대해 시시콜콜 묻고 의지한다. 부모가 직접 자녀의 직장 상사나 인사팀에 불만 전화를 하기도 한다. 신입사원이 업무상 실수를 하여 상사가 지적을 했더니, 신입사원이 책상에 엎드려 한동안 울었다고 한다. 그것도 황당한 데 다음날 그의 부모가 직장에 찾아와 짐을 싸간 사례도 있다. 우리 삶은 선택의 연속이며 나이가 들수록 금전적으로든 파급력으로든 더 중요한 선택을 해야 하는 순간들이 많아진다. 그 선택과 결정 능력은 어느 순간 좋아지는 것이 아니라 삶의 경험이 쌓여 가능해지는데 의존성 성격장애자는 그런 경험을 축척해 나갈 기회가 없다. 그러다 보니 시간이 갈수록 스스로 결정내리는 것을 더 못하게 되고 악순환이 반복된다. 결국 자신이 내려야 할 매우 중요한 결정까지도 타인의 결정에 의존해 버린다.

진단기준 3 **동기나 능력이 부족하다기보다 판단력 혹은 자신감 부족 때문에 어떤 일을 시작하거나 수행하기를 어려워한다.**

일반적으로 조직에 입사해서 한동안은 자신이 뭔가를 결정하거나 주도적으로 프로젝트를 끌고 가는 일은 흔치 않다. 대부분의 일은 지시를 받으며 시작되고 그 일은 그동안 해오던 관행과 패턴이 있다. 그래서 선배들이 결정해 주고 그 방식대로 사고 안 치고 잘 수행해내면 큰 문제가 없다. 시간이 지나 이렇게 묵묵히 일해온 직원에게 프로젝트의 리더든 팀장이든 뭔가를 책임지고 이끌 기회가 온다. 이쯤 되면 보통은 과연 내가 잘 해낼 수 있을까 하는 약간의 부담도 있지만 한편으론 자신의 능력을 인정받는 것 같아 자신감이 생기고 의욕이 뿜뿜 올라가기도 한다. 하지만 이런 상황이 의존성 성격장애자에게는 기회라기보다 어떤 다른 때보다 직장생활에서 위기의 순간이다. 의존성 성격장애자는 자신의 주도하에 의사결정을 하고, 사람들에게 업무를 배분하여 푸시를 가하고, 마감기한까지 추진력 있게 일을 밀어붙이고, 모든 결과에 책임을 져야 하는 일이 무엇보다 두렵기 때문이다. 보통 사람들은 리더의 자리를 맡아야 하는데 그렇지 못하면 많은 좌절감을 느낀다. 하지만 되레 의존성 성격장애자는 이런 자리를 스스로 사양하거나, 리더가 되지 않았을 경우 오히려 안도감을 느낀다. 스스로 능력 없다고 생각하기 때문에 자신보다 더 잘 해낼 사람이 있을 것이라고 생각한다. 자신이 중책을 맡으면 실력이 없어 금방 문제가 생길 것이고, 주변에 자신의 민낯이 다 드러나면서 사람들로부터 미움받고 내쳐질 것이라고 두려워한다.

진단기준 4 **지지나 승인을 잃을지 모른다는 두려움 때문에 타인의 의견에 반대하지 못한다.**

분명 누가 봐도 아닌 상황이고 본인도 내키지 않음에도 불구하고 딱 잘라 거절 못하는 사람들이 있다. 이들의 내면에는 미움받고 싶지 않은 심리가 짙게 깔려 있다. 의존성 성격장애자의 핵심 감정이다. 의존성 성격장애자는 의지할 대상을 찾고 그의 마음에 들기 위해 적극적으로 복종하고 비굴한 자세를 취하기도 한다. 의지할 대상으로부터 지지가 없어지거나 버림받는 것이 두려워서 자신이 원치 않는 일을 감수하면서까지 의존관계를 유지해 나간다. 타인의 의견에 반대하지 않고, 싫은 행동을 보고도 참고 묵인한다. 하지만 이런 모습은 악한 사람들의 눈에는 이용하기 쉬워 보이므로 사람을 잘못 만나면 사회생활에 큰 어려움을 겪는다. 의존성 성격장애자는 리더로부터 부당한 요구, 예를 들어 누가 봐도 과도한 업무가 자신에게만 몰리거나, 업무 외의 개인적 업무 지시 등이 노골적이거나, 심지어 성희롱이나 성추행을 당함에도 불구하고 어떠한 표현도 없이 기꺼이 그것들을 감내한다.

30명 이내 작은 규모의 IT분야 K기업 경영지원팀에 근무하는 정○○(여, 32세) 씨는 고민이 많다. 정 씨는 결혼하기 전까지 엄마가 사주는 옷만 입고, 쇼핑이나 취미활동은 엄마하고만 하고, 집 밖에 나오면 한 시간에 한 번꼴로 카톡이나 전화 통화를 해서 서로의 안부를 물었다. 대학도 집에서 다닐 수 있는 학교를 선택했고, 결혼도 엄마가 소개해 준 사람과 했다. 다행히 남편은 자상했고 그의 울타리 속에서 큰 문제가 없었다. 그러다 남편의 지인 소개로 K기업을 알게 되었고, 남편의 적극적 권유로 입사하게 되었다. 그러나 정 씨가 입사한 지 3개월이 지난 시점부터 상사는 개인적 심부

름을 시키거나 과도하게 업무를 지시하여 야근이 잦아지기 시작했다. 더군다나 상사는 정 씨에게 업무지시를 한다면서 개인적으로 불러 성적 농담을 던지거나 슬쩍슬쩍 몸에 손을 대기도 했다. 하지만 정 씨는 이런 행동에 단호하게 대처하지 못했고, 상사의 행동은 점점 수위가 높아지기 시작했다. 그러나 정 씨는 상사의 행동도 힘들지만 이 사실을 남편이 알게 되어 상사와 문제가 생기고 남편에게도 실망을 안기게 될까 봐 더 전전긍긍이다.

진단기준 5 타인의 보살핌과 지지를 받기 위하여 심지어 꺼려지는 일도 자청해서 한다.

진단기준 6 스스로 잘해나갈 수 없다는 두려움으로 인해 혼자 있으면 불안하고 무기력함을 느낀다.

진단기준 7 어떤 친밀한 관계가 끝났을 때 곧바로 자신을 보살펴주고 지지해 줄 다른 사람을 찾는다.

상대에게 버림받는 것이 두려워 그런 상황에 처하지 않기 위해 애쓴다. 상대에게 과도하게 맞추고 좀 멀어진다 싶으면 과도하게 매달리는 모습을 보이기도 한다. 만약 의존성 성격장애자가 의지하는 상대가 이기적이고 악랄한 사람이라면 의존성 성격장애자는 일방적으로 착취당하고 이용당할 가능성이 매우 높다. 이런 면에서 의존성 성격장애자는 반사회성 성격장애자와 엮이면 참 위험한데, 안타깝게도 반사회성 성격장애자의 눈에 잘 포착되어 좋은 먹잇감이 되는 경우가 많다. 보통 사람도 마찬가지지만 특히 의존성 성격 장애자는 반사회성 성격장애자를 만나면 인생이 많이 꼬여버린다. 매번 상대에게 당하면서도 자신의 힘으로 벗어나기가 쉽지 않기 때문이다.

───

워킹맘 배○○(여, 38세) 씨는 경제적으로 무능한 남편을 대신해 가정경제를 책임진다. 한 번씩 남편이 치는 사고 뒷수습도 배 씨 몫이다. 집에 오면 온종일 게임 하는 남편을 대신해 집안일까지 독박으로 떠맡으면서도 그나마 술 안 먹고 게임 하는 게 더 낫다고 말한다. 남편은 술만 먹으면 폭력을 쓰는데 게임 할 때는 건드리지만 않으면 때리지 않기 때문이다. 결코 함께 살 이유도 없고, 함께 살기도 힘든 남편이다. 하지만 배 씨는 이런 상황이 끊임없이 반복됨에도 불구하고 "저 사람이 술만 취하면 저래요. 평상시는 괜찮아요. 그리고 그렇게 나쁜 사람도 아니에요"라며 별일 아닌 듯 넘긴다. 의존성 성격장애자는 '힘든 사람이라도 없는 것보다는 낫다'는 생각이 강하기 때문이다. 옆에서 보면 속에서 천불이 나는데 결국 본인의 뜻이 그러하니 주변 사람의 만류도 아무 의미가 없다.

그나마 어렵게 이런 상황에서 벗어나는 결정을 내리는 경우도 있다. 그런데 그렇게 헤어지는 것을 힘들어하던 의존성 성격장애자는 얼마 못 가서 금세 새로운 사람을 만난다. 보통 연예든 결혼이든 사람 때문에 힘들었던 사람은 사람을 만나기 두려워져서 한동안 휴식 기간을 갖거나 다른 사람을 만나는 데 매우 신중해지기 마련이다. 그런데 신기하게도 의존성 성격장애자는 휴식 기간이 매우 짧거나 없다. 혼자 있는 것에 대한 불안감과 무기력감을 많이 느끼기 때문에 그 불안감을 다른 사람을 만나 채우는 것이다. 누군가를 만나기 전에 충분히 고려하고 신중해도 이상한 사람을 피하기 쉽지 않은데 의존성 성격장애자는 주변에서 입질이 오면 또 덥석 물어버린다. 물론 의존성 성격장애자가 다 이상한 사람만 만난다는 말은 아니다. 따뜻한 부모님 밑에서 화초처럼 자랐다가, 부모님이 잘 선택해 준 배우자를 만나 그 울타리에서 큰 문제 없이 살아가는 경우도 있다. 하지만 의존성 성격장애자의 성향상 반사회성 성격장애자의 눈에 잘 포착이 된다. 보통 사람들은 반사회성 성격장애자를 만났을 때 상대의 이상한 행동을 발견하고 초반에 관계를 그만둘 가능성이 높다. 하지만 의존성 성격장애자는 끊임없이 당하면서도 그의 옆을 스스로 떠나거나 매몰차게 그를 끊어내는 경우가 드물다.

진단기준 8 **스스로 자신을 돌봐야 하는 상황에 처할지도 모른다는 두려움에 비현실적으로 집착한다.**

결혼 후 별 문제 없이 잘 살던 한 김○○(여, 50세) 씨가 불안과 초조함을 호소하며 상담을 의뢰한 적이 있다. 그녀는 상담에서 자신의 어머니와 남편이 점점 나이 들어가는데 혹시 자기를 두고 먼저 떠나게 되면 어떻게 해야 하나라는 두려움과 걱정 때문에 요새 밤잠을 잘 못 이룬다고 하였다. 물론 부모님이나 배우자가 내 옆에서 갑자기 사라진다면 너무 슬프고 아뜩해지는 것은 사실이다. 하지만 지금 두 사람이 병상에 누워있는 것도 아닌데 그가 느끼는 불안감은 비현실적으로 강했다. 의존성 성격장애자는 자신에게는 스스로 살아갈 능력이 없다고 판단하기 때문에 혼자 남겨지거나 버려지는 것에 대한 과도한 불안을 가진다.

⊂⊃

　K 준정부기관에 다니는 소○○(여, 32세) 씨는 자신의 생활에 너무 많은 간섭을 하는 엄마와 관계가 매우 좋지 못하다. 소 씨의 직장은 서울 강남 부근에 있고, 집은 인천이다. 하루 출퇴근 시간으로 평균 5시간 이상이 소요된다. 그래서 오후 6시에 퇴근을 하고 곧장 집에 가도 8시고 야근을 하거나 저녁식사만 간단히 하고 들어가도 10시를 넘길 수밖에 없는 환경이다. 그러나 소 씨의 엄마는 통행금지 시간을 10시로 맞춰놓고 조금만 늦어도 소 씨에게 잔소리를 쏟아낸다. 그 외에도 외출 복장, 친구 관계, 생활 습관까지 사사건건 관여한다. 때문에 소 씨와 엄마와의 관계는 매우 좋지 않고

최근에는 그 상태가 심각한 정도다. 만약 당신이 소 씨라면 어떤 결정을 내리겠는가? 물론 독립이 쉬운 일은 아니지만 직장과 집의 거리가 매우 멀다는 점과 엄마와의 불화 그리고 경제적 독립이 가능한 상태이므로, 독립을 생각해 볼 만하다. 소 씨의 친구들도 소 씨의 독립을 강하게 권했지만 그때마다 소 씨는 '돈을 모아야 한다'라는 그럴듯한 핑계를 대며 매일같이 전투가 일어나는 집으로 퇴근을 한다. 소 씨는 고등학교 1학년 때부터 엄마와의 관계가 계속 좋지 않았지만 대학에 가서도 기숙사나 학교 근처에서 따로 살 생각은 하지 않았다. 엄마가 싫지만 그렇다고 혼자 살아갈 자신도 없었기 때문이다. 의존성 성격장애자가 부모의 뜻대로 살아간다고 해서 다 고분고분하지는 않다. 어릴 때는 부모에게 순종하지만 사춘기에 접어들면서 자신을 통제하는 부모에 대한 불만이 생긴다. 하지만 자신이 스스로 결정하고 해낼 자신이 없어서 부모에게 여전히 의존한다. 이런 상태로 성인이 되면, 자신의 삶에 심하게 관여하는 부모와 관계가 매우 좋지 않지만 내면의 힘은 약해서 독립하지 못하고 살아가는 경우가 있는데, 소 씨가 여기에 해당된다.

의존성 성격장애는 두 가지 유형으로 나눠볼 수 있다.

• **어린아이형** 어린아이 그 자체의 모습처럼 내면이 미성숙한 상태다. 나이는 성인임에도 불구하고 성인답게 의사결정하고 스스로

문제를 헤쳐나갈 능력이 떨어진다. 일상생활의 소소한 부분까지 물어보고 확인받아야 안정감을 느끼고 실행이 가능하며, 이런 모습으로 인해 삶의 중요한 결정까지도 타인에게 맡겨버리고 살아간다. 이들 주변에는 이런 모든 것을 책임지고 결정해 줄 부모, 배우자, 대리인이 있는 경우가 많다.

• **헌신형** 일상생활 능력에 문제가 없고 오히려 적극적이기도 하지만 자신감이 떨어져 있어 자신을 적극적으로 리드해 주고 의지할 수 있는 사람을 찾으려 한다. 좋은 상대를 만나면 그의 울타리 속에서 문제없이 살아가지만, 그렇지 않은 경우 상대에게 휘둘리고 착취당하는 불행한 삶을 살아갈 수 있다. 또한 그런 상대에게서 스스로 벗어나기가 쉽지 않다. 이런 성향 때문에 의존성 성격장애자는 사이비 종교에 빠지기 쉽다.

의존성 성격장애 원인 찾기 ¶

본인이 의존적 성향이 강하면 본인의 그런 성향 때문에 주변에 약한 사람도 눈에 잘 들어온다. 주변에 혼자 힘들어하는 사람을 보면 그것이 얼마나 힘들지 본인 스스로가 너무나 잘 알기 때문에 그들을 돕고 보호하는 데 적극적이다. 의존성 성격장애자는 강한 자에게는 의지하려 하지만, 본인보다 약한 자에게는 보호자를 자처한다.

의존적인 사람은 자신의 부모에게 강하게 의존하지만, 자녀가 생기면 자녀를 과잉보호한다. 이것도 의존성의 연장선이다. 의존적인 부모가 의존적인 자녀를 키우는 것이다. 혹시나 자녀가 잘못될까 봐 앞서 결정하고 대비하고 준비한다. 조금이라도 곤란해지면 부모가 당장 도와주고, 부모가 옳다고 여기는 것을 아이의 기분과 상관없이 강요하고, 아이가 부모의 말에 순종했을 때 칭찬하고 물질적 보상을 주고 반대의 경우 냉담하거나 체벌을 가하는 행동을 한다. 아이는 이런 경험이 축적되면 부모의 말을 무비판적으로 수용하고 본인의 대부분을 부모에게 의지하게 된다. 의존성 성격장애를 가진 부모의 엄격한 보호 아래에서 독립적이고 자발적인 결정을 해 보지 못한다. 그리고 더 나아가 부모가 아닌 타인에게도 의존적인 반응을 보인다. 의존성 성격장애는 어린 시절에는 항상 부모의 보호 아래 있기 때문에 티가 나지 않다가 성인이 되면서 부모 이외의 타인들과 교류가 활발해지는 시기가 되면 나타나기 시작한다.

비슷해서 헷갈리는 다른 증상들 ¶

의존성 성격장애 VS 강박성 성격장애

의존성 성격장애와 강박성 성격장애의 공통점은 어린 시절 자유롭게 자신의 의사와 행동을 표현하지 못하고 성장했다는 공통점을 지닌다. 그러나 차이점은 강박성 성격장애는 부모에게 지나치게 충실한 모습을 보이는 반면 의존성 성격장애는 부모에게 지나치게 의지하는 모습을 보인다.

구분	의존성 성격장애와의 공통점	의존성 성격장애와의 차이점
강박성 성격장애	부모의 강한 지배 아래 성장함	**의존성 성격장애** • 부모에게 지나치게 의지함 **강박성 성격장애** • 부모에게 지나치게 충실함

의존성 성격장애 VS 회피성 성격장애

의존성 성격장애와 회피성 성격장애의 공통점은 타인을 과도하게 의식하여 그들의 평가와 반응에 큰 영향을 받는다는 점이다. 단 차이점은 의존성 성격장애의 경우는 타인의 반응과 평가를 과도하게 의식하여 무엇이든 타인에게 맞추려 하는 반면, 회피성 성격장애의 경우는 타인의 반응과 평가를 과도하게 의식하여 아예 회피하려 한다.

구분	의존성 성격장애와의 공통점	의존성 성격장애와의 차이점
회피성 성격장애	• 타인에 대한 과도한 의식 • 타인의 평가, 반응에 큰 영향 받음	**의존성 성격장애** • 무엇이든 타인에게 맞춰 주려함 **회피성 성격장애** • 타인을 아예 회피하려 함

의존성 성격장애 VS 연극성 성격장애

의존성 성격장애와 연극성 성격장애의 공통점은 타인의 관심, 애정을 갈구해서 늘 타인의 의견을 맹목적으로 수용하려 하고, 타인에게 버림받는 것을 매우 두려워한다는 점이다. 그러나 차이점은 연극성 성격장애의 경우 타인에게 버림받는 것이 두려워 타인의 의견을 수용할 뿐만 아니라 관심과 애정을 받기 위해 적극적으로 다가서기도 한다. 이때 일관된 자신의 성격이나 개성이 아닌 상대가 좋아할 만한 모습으로 자신의 모습을 변화시키기도 한다. 반면 의존성 성격장애의 경우 자신감이 떨어진 상황이기 때문에 적극적이면서도 변화무쌍한 모습으로 자기모습을 변화시키지 않는다.

구분	의존성 성격장애와의 공통점	의존성 성격장애와의 차이점
연극성 성격장애	• 타인의 관심, 애정을 갈구해서 늘 타인의 의견을 맹목적으로 수용함 • 타인에게 버림받는 것을 두려워 함	**의존성 성격장애** • 상대방의 관심, 애정을 얻기 위해 연극성 성격장애처럼 다양한 자기연출은 하지 않음 **연극성 성격장애** • 타인의 관심과 애정을 차지하기 위해 타인이 좋아할 만한 모습으로 변화무쌍한 자기연출을 함

주변에 의존성 성격장애자가 있다면 …

▌ 경계를 명확히 하라

사람들은 본래 누군가가 자신에게 의견을 묻고 귀담아듣고 실행하는 모습을 보면서 자신의 존재가치를 느끼며 뿌듯함을 느낀다. 하지만 상대가 의존성 성격장애를 가진 사람이라면 그렇게 조언하다가는 어느 순간 그 사람의 삶에 너무 관여하고 있다는 생각이 드는 순간이 올 수 있다. 의존성 성격장애자는 처음에는 가볍게 업무나 직장생활의 자문을 구하는 것으로 시작해 점점 더 자신의 삶의 중요한 부분까지도 당신에게 의견을 구하고 의존할 것이다. 그렇게 되면 의도치 않게 그 사람의 삶에 너무 깊이 관여하게 된다. 내가 그 사람의 삶을 끝까지 책임져 줄 생각이 없다면, 상대에게 명확히 말해야 한다. 의존성 성격장애자가 당신에게 매우 개인적이면서도 중요한 사안에 대해 물어온다면 섣불리 답을 주기보다는 "그 질문은 나에게 너무 어렵네요. 이런 일은 정답이란 것이 없어요. 무엇보다 중요한 건 당신 자신의 생각입니다"라고 말하며 적절한 경계를 지우는 것이 필요하다.

▌ 질문하라

리더나 연차가 그리 많지 않으면 조직에서 본인이 중요한 의사결정을 해야 하는 경우는 흔치 않다. 그래서 의존성 성격장애자는 사회 초년생 때는 고분고분하고, 보고 잘하고, 일을 시키면 질문이 좀 많은 직원 정도로 보일 수 있다. 하지만 그 업무를 한 지 여러 해가 지나도 자신의 의견을 소신껏 말하지 못하고 끊임없이 주변의 재확인과 결정을 요구하는 직원이 있다. 팀장 입장에서는 그냥 일을 시키기에는 별 불평불만이 없으니 편하긴 한데, 연차가 쌓여 점점 중요한 일을 맡겨야 할 시점이 되면 영 불안하다. 주변에 의존성 성향이 높은 후배직원이 있다면 업무상 논의를 할 때 후배직원이 물어오는 질문에 답을 주기보다 그의 의견을 먼저 물어보는 것이 필요하다. 만약 후배직원이 "선배님, 업체 담당자가 A안으로 하기로 했던 것을 이제 와서 B안으로 가자고 합니다. 어떻게 하죠?"라고 묻는다면, 의견을 먼저 말하기 전에 다음과 같은 질문을 먼저 던져보길 권한다. "A안에서 B안으로 바꾸게 되면 어떤 문제가 생기나요?". 그런데 이때 의존성 성향이 높은 직원은 "아, 아닙니다. 그럼 B안으로 바꾸겠습니다"라고 답을 하기도 한다. 그럴 때는 "아니요. B안으로 바꾸라는 의미가 아니에요. 다만 B안으로 바꾸는 것에 대해 걱정하는 것으로 들려서 무엇 때문인지 궁금했어요"라고 말하면 된다. 그다음으로 후배의 답변에 따라 다음과 같은 추가적인 질문을 다양하게 던져볼 수 있다. "업체 담당자의 의견대로 B안으로 했을 때 우리에게 주는 이점은 무엇일까요?", "B안으로 바꿔주는 대신 우리가 요구해야 될 부분이 있다면 무엇이 있을까요?", "그렇다면 업체 담당자를 어떻게 설득하면 좋을까요?" 등이다. 질문을 받으면 사람들은 본능적으로 그 질문에 대해 고민하게 된다. 단 처음부터 적절한 답변이 나오지 않을 수도 있고, 후배직원이 힘들어할 수 있다. 반응을 봐가면서 적절하게 양과 수위를 조절하는 질문을 던져보길 바란다. 그는 스스로 고민할 것이고, 조금씩 당신에게 묻는 질문도 줄어들 것이다.

내가 의존성 성격장애로 의심된다면 …

▌작은 결정이라도 스스로 하라

당신은 어렸을 때부터 작은 것이라도 스스로 결정해 본 경험이 부족했다. 그렇다면 지금이라도 그런 경험을 해 보면 된다. 습관적으로 주변의 의견을 물어보던 것을 멈춰라. 처음부터 큰 결정을 내리지 않아도 된다. 살아가면서 당연히 스스로 했어야 했던 것들부터 시작하면 된다. 동료들과 점심시간 식사할 때 무엇을 먹고 싶은지 말해 보거나, 주말에 무엇을 할지를 스스로 계획하거나, 자신이 지금 하고 있는 스타일이 엄마 마음에만 드는 스타일이라면 내가 원하는 스타일로 변화시켜 보는 것도 좋다. 스스로 결정하고 그것에 대해 책임지면 된다. 이런 경험들이 차곡차곡 쌓여야 한다. 그래야 살아가면서 성인이라면 당연히 결정해야 할 순간의 선택을 스스로 해나갈 수 있다. 그것이 성인의 삶이다.

▌ 싫은 것은 싫다고 말하라

살다 보면 나보다 어려운 사람을 돕기도 하고, 경우에 따라 꼭 되돌려 받지 않더라도 몇 번을 베푸는 경우도 생기기도 한다. 하지만 당신 주변에 당신의 성향을 이용하여 착취가 계속적으로 일어나고 있다면 끊어내야 한다. 부당한 요구에 대해 더 이상 묵인해서는 안 된다. 상사라 할지라도 불합리하고 정당하지 못한 일을 요구한다면 정중히지만 단호하게 거절하는 것이 필요하다. 직접 하기 힘들면 주변 동료에게 도움을 요청하거나 이런 업무를 담당하는 해당 부서에 알리는 것도 방법이다. 그리고 직장까지 가지 않더라도 집안에서 일어나는 과한 부모님의 개입에 대해서도 명확히 표현할 필요가 있다. 쉽지 않지만 이 단계를 극복해야 주변 사람에 의해 휘둘리는 것을 멈출 수 있다. 혹시 이런 행동을 했을 때 주변 사람들로부터 미움이나 버림받는 것이 두려운가. 그렇다면 스스로에게 물어보라. 나는 나를 사랑하는가. 누군가의 사랑을 받기 위해서는 스스로를 먼저 사랑해야 한다. 나도 나를 사랑하지 않는데 누가 날 사랑할 것인가. 그리고 사랑한다는 것은 해로운 것으로부터 사랑하는 것을 지켜내는 것이다. 당신이 당신을 잘 지켜내길 바란다.

▮ 자원봉사를 시작하라

의존성 성향이 강한 사람이 반대로 보호 본능도 매우 강하다는 것을 앞에서 설명한 바 있다. 이런 모습이 악한 사람을 만나면 착취를 당하는 꼴이 되는데 이를 극복할 수 있는 방법이 자신의 도움을 필요로 하는 단체에 그 에너지를 쏟는 것이다. 양로원, 고아원 등의 사회봉사 활동이 예가 될 수 있다. 이런 활동은 사회적 테두리 안에서 만나기 때문에 일방적으로 착취당할 염려가 없으며, 지나친 헌신에 대한 한계도 설정해 준다. 더불어 자신의 활동에 감사함을 표현하는 상황들의 경험을 통해 자신감이 향상된다. 의존성 성격장애자에게 매우 좋은 경험이 될 것이다.

드라마 속 성격장애

▎부부의 세계

드라마 〈부부의 세계〉는 사랑이라고 믿었던 부부의 연이 배신으로 끊어지면서 소용돌이에 빠지는 이야기이다. 주요 등장인물 4명을 성격장애의 시각으로 보면 다음과 같은 해석이 가능하다.

지선우는 고산시 가정사랑병원 가정의학과 전문의이며 부원장을 역임했다. 어린 시절 양친을 교통사고로 잃으면서, 그녀를 힘들게 했던 것은 외로움뿐만이 아니라 주변의 동정 어린 시선이었다. 그래서 그녀는 누구보다 행복한 가정, 직업적 명성에 집착함으로써 완벽한 모습을 추구하였고, 이를 위해 철저히 자신을 통제하며 살아왔다. 또한 누구에게도 비난받지 않기 위해 높은 도덕률을 세워 좋은 사람이고자 한다. 그러나 자수성가한 많은 사람들이 그렇듯 자기 방식에 대한 강한 확신으로 다른 사람의 조언을 귀담아 듣지 않는다. 그리고 위로를 동정으로 받아들이는 태도는 종종 그녀를 독단적으로 보이게도 하지만, 스스로는 알지 못했다. 이런 그녀의 모습은 강박성 성격장애자의 특성과 많이 닮아 있다. 또한 남

편의 불륜을 주변 지인들이 묵인했던 장면에서 그녀의 대인관계가
자신이 보고 싶은 대로만 관계를 규정짓는 편향적이면서도 불안정
한 상태라는 것을 잘 보여준다. 다음은 영화감독이자 엔터테인먼트 사업가이면서 지선우의 전
남편인 이태오를 보자. 이태오처럼 과도한 자기애를 가진 사람은
성공, 권력, 아름다움, 젊음에 집착하는 특징이 있다. 현실이 따라
주지 않으면 좌절감이 매우 크다. 이태오의 경우 직업적 무능함으
로 아내에게 빈대나 다름없이 많은 지원을 받는 상황이었으나 고
마움보다는 오히려 무의식적 열등감이 더 큰 상태였다. 되레 자신
의 외도를 아내 때문에 무너진 자존감을 회복하기 위함이라 합리
화한다. 외도 상대는 어리고 경험이 없어서 자신이 우월감을 느낄
수 있기 때문이다. 자기애가 강한 사람은 감정이입이 결여되어 있
고, 자신의 행동을 정당화, 합리화하는 경우가 많다. 상대에 대해
전혀 미안함을 느끼지 못한다. 재혼한 여다경과 아들 준영의 갈등
상황에서도 아들의 뺨을 때리면서 "너 하나 때문에 얼마나 많은 사
람들이 고생해야 해? 얼마나 더 힘들어야 돼냐고?"라고 말한다. 불
륜을 저지른 당사자가 오히려 모든 불화의 책임을 자신의 아들에
게 떠넘기는 면을 볼 수 있다. 또한 사람을 자신의 이익을 위한 수
단으로 생각하고 착취의 대상 정도로 본다. 물론 선우를 진심으로
사랑했을 수 있다. 하지만 외도가 아내를 얼마나 고통스럽게 할지
생각하지 않았다. 자기중심적인 사람이라 상대의 고통에 대한 공

감력, 이해, 배려가 부족하며, 자신의 욕심대로, 원하는 대로만 살아간다. 이런 특징들은 그가 자기애성 성격장애를 가졌음을 증명한다. 이태오의 과거를 들여다보면 이태오의 아버지도 바람을 피워 가정을 버렸다. 부모의 바람으로 인해 자신이 어린 시절 충분히 고통받았음에도 불구하고 다시 자신도 바람을 피우는 경우가 종종 있다. 이는 유전이 아니라 외상 후 스트레스 장애PTSD, Post-Traumatic Stress Disorder 때문일 가능성이 높다. 외도를 따라하는 이태오의 행동은 동일시(아버지의 외도가 싫었음에도 불구하고 자신도 따라함)와 고착(아버지가 저지른 외도의 상처에서 못 벗어나고 그 상처의 시기로 돌아가 고착됨)이다. 외도한 집안의 아이들이 외도를 하는 것은 피가 닮아서가 아니라 자신의 문제, 즉 상처 때문이다.

세 번째 주인공은 이태오의 불륜 상대이며 고산 지역 유지의 외동딸인 여다경이다. 그녀는 굉장히 불안정하고 미성숙한 사람이다. 그래서 안정적인 가정, 사업체를 운영하고 있는 자신보다 성숙해 보이는 유부남 이태오에게 또래에게 얻지 못하는 안정감을 느낀다. 그러나 그 안정감은 사실 그의 아내 선우가 만들었다는 것을 몰랐다. 자기 행동으로 한 가정의 행복이 깨지고 그의 아내와 자녀가 고통을 받는다는 것에 대한 죄의식이 없다. 자기가 좋으면 취하고 보는 개인적이고 이기적인 측면이 있다. 그녀는 또한 연극성 성격장애의 특징을 많이 가지고 있다. 항상 관심받아야 하고, 감정변화 속도가 매우 빠르다. 또한 자신에게 관심을 집중시키기 위해서 외모를 이용하기도 하고, 대인관계에서 지나치게 상대에게 의존한다. 유혹적인 태도로 그 사람을 내가 원하는 대로 조정하고 지배하려는 성향이 있다.

마지막 주인공은 민현서와 동거 중인 연인 박인규다. 그는 반사회성 성격장애자로 성격이 급하고 공격적이며 충동적이다. 따라서 대인관계에 있어 싸움이나 공격을 반복하고, 자신과 타인의 안전에 무관심하고 부주의하다. 또한 이익을 위해서는 거짓말을 반복하고, 타인의 고통에 무관심하다는 특징을 가진다. 박인규는 여자친구 민현서에게 보이는 집착과 의존을 사랑으로 착각한다. 여자친구를 상습적으로 폭행하며 폭행의 원인을 상대방에게 돌린다. 그러면서도 민현서를 놓치 않으며 집요하게 따라다닌다. 자신이 사랑한다면 상대의 마음이 어떻든 상관없기 때문이고, 자신에게 관심을 보이지 않으면 폭력을 써서라도 그렇게 만들면 끝이라는 사고방식을 가졌다. 또한 지선우와 이태오를 오가며 자신의 이익을 위해 범죄 행동을 서슴지 않는다.

9

천사거나 악마거나!

유형 9

경계성 성격장애
(Borderline Personality Disorder)

경계성 성격장애 진단하기 ¶

다음 항목 중 5개 이상 해당이 된다면, 경계성 성격장애를 의심해 볼 수 있다.

❶ 감정기복이 심해 예민함, 염려, 불쾌감이 자주 지속된다.
❷ 빈번한 짜증, 끊임없는 분노, 물리적 싸움 등의 분노조절에 문제를 겪는다.
❸ 스트레스가 주어졌을 때, 일시적으로 망상적 사고, 해리가 일어난다.

❹ 타인으로부터 버림받는 것을 굉장히 두려워하고, 버림받지 않기 위해 필사적으로 노력한다.

❺ 상대방을 극도로 이상화 혹은 평가절하하는 식의 불안정하고 극단적인 인간관계를 보인다.

❻ 자신에게 해가 되는 충동적 행위(낭비, 폭식, 부주의한 운전, 문란한 성생활, 약물 남용 등 최소 두 가지 영역)를 한다.

❼ 자아 정체성 혹은 자의식이 불안정하다.

❽ 만성적 공허감을 느낀다.

❾ 자해 행동, 자살 위협, 자살 시도 등을 되풀이한다.

〈S호텔 식음료부서 강○○ 매니저 인터뷰〉

강 매니저 저는 감정기복이 좀 심해요. 직장에서는 밝고, 강인한 사람이란 이미지를 갖고 있지만 실상은 마음이 매우 약하고 감정적으로 매우 불안해요. 대학 졸업 후 진지한 연애를 처음 했는데, 제가 매우 신경질적이고 상대방을 극단으로 모는 성격이란 걸 알고 적잖게 놀랐어요. 좋을 땐 없으면 죽을 것 같다가도 싫어지면 죽어버렸으면 좋겠다는 생각이 들 정도로 감정이 널을 뛰어요. 제가 학생 때도 예민한 면이 있었지만, 일을 하면서 더 심해진 거 같아요. 진상 손님 등 직장에서 스트레스를 받는 날은 남자친구에게 아무것도 아닌 일로 미친 사람처럼 막 퍼부어 버려요. 그리고 진정되고 나면 미안하다고 사과해요. 이런 저의 행동이 잘못되었다는 것을 알면서도 연애할 때마다 이런 모습이 반복되어요. 그래서 항상 연애의 끝이 좋지 않아요. 이런 저를 누가 견뎌내겠어요.

정 박사 심리적으로 힘들 때 어떤 생각과 감정이 드세요? 취하는 행동은 또 어떤 것이 있을까요?

강 매니저 전 기본적으로 스트레스에 매우 취약한 거 같아요. 고민이 있으면 머리가 너무 복잡해져요. 뇌가 부풀어 오르는 게 느껴져요. 새벽까지 잠을 못 이루는 경우도 많고요, 몇 달 동안 생리가 없어지기도 해요. 그런데 최근에는 가만히 있으면 마음이 텅 빈 것 같고 눈물이 자꾸 나요. 얼마 전에 남자친구랑 헤어졌거든요. 헤어지는 과정도 너무 힘들었어요. 연애 초기와 다르게 연락이 뜸해지는 남자친구와 여러 번 다퉜는데, 저보고 숨이 막힌다며 헤어지자고 하더라고요. 울면서 붙잡았는데 저를 끝내 떠났어요. 너무 힘이 들어서 회사에 이틀이나 무단결근까지 했어요. 며칠 뒤 상사한테 싹싹 빌고 시말서로 마무리를 했어요. 그 소식을 들은 남자친구가 연락이 와서 다시 잘 해보기로 했는데 얼마 전 남자친구와 다시 다퉜어요. 그런데 그때 저도 모르게 분노가 폭발해서 손에 들고 있던 유리잔을 깨버렸어요. 살면서 그런 일은 저도 처음이라 많이 놀랐어요. 그러면서 제가 점점 미쳐가는 건 아닌가란 생각도 들었어요. 그 일로 회사에는 아프다고 병가를 냈고, 며칠 후 붕대를 감고 회사에 출근했는데 직원들이 뒤에서 숙덕대는 거 같았어요. 이러다가는 현재 직장도 짤리겠다는 생각이 들어요.

경계성 성격장애 파헤치기 ¶

경계성 성격장애는 자아상, 대인관계, 정서가 불안정하고 충동적인 특징을 갖는 성격장애다. 스스로나 타인에 대한 평가가 일관되지 않고 변화무쌍한 모습을 보인다. 정신과 의사들이 가장 까다로워하는 성격장애 중 하나다. 다른 성격장애로 시작했다가 증세가 점점 심해지면서 숨겨져 있던 경계성 성격장애를 함께 드러내는 경우가 꽤 흔하다. 경계성 성격장애는 신경증과 정신증의 경계에 서 있는 성격장애를 말한다. 따라서·현실검증력이 있는 것(신경증)같기도 하지만, 어떨 때에는 현실검증력이 무너진 것(정신증)처럼 보이기도 한다. 현실검증력이 있으면 상담치료를 통해서 자신의 생각을 현실과 비교하면서 틀리거나 왜곡된 부분들을 수정할 수 있지만, 없을 경우 공포와 불안에 사로잡혀서 전혀 말이 통하지 않는다. 유병률은 1~1.5%이고, 임상에서는 여성이 세 배 정도 더 많다고 알려졌으나, 최근의 역학조사에서는 성별 차이는 나타나지 않는 것으로 보인다. 이는 여성이 더 많이 치료기관을 찾거나 빈번한 자해로 병원을 이용하기 때문에 통계에 나타나지만, 남성의 경우 마약 등 약물 남용이나 폭력적 행동으로 치료 및 교정시설로 들어가기 때문에 적게 진단된다고도 본다. 대개 청소년기나 성인기에 발병하며, 19세에서 34세 사이의 청년들에게서 자주 나타난다. 나이든 사람일수록 낮게 진단된다.

진단기준 1 감정 기복이 심해 예민함, 염려, 불쾌감이 자주 지속된다.

진단기준 2 빈번한 짜증, 끊임없는 분노, 물리적 싸움 등의 분노 조절에 문제를 겪는다.

진단기준 3 스트레스가 주어졌을 때, 일시적으로 망상적 사고, 해리가 일어난다.

활기차고 뭐든 다 해낼 수 있을 것처럼 에너지가 넘치다가도 갑자기 세상 우울하고 허무감을 느끼는 식으로 극단적 감정 사이를 오가며 심한 감정기복을 보인다. 불안감을 잘 느끼고, 매우 예민하여 자신뿐만 아니라 가까운 주변 사람들에게도 변덕스럽고 예측이 불가능하다는 느낌을 준다. 이런 감정기복은 몇 시간, 길면 며칠이 되기도 한다. 그리고 본인이 느끼는 이런 변덕스러운 감정이 조절이 안 되어 빈번한 짜증, 끊임없는 분노, 물리적 싸움으로 나타난다. 상대가 자신의 기대에 어긋난 행동, 예를 들어 자신의 연인이 무관심하거나, 헤어지고자 할 때, 분노가 유발된다. 한번 분노가 유발되면 자신의 감정을 조절하는 게 매우 힘들어, 부적절하고 강력한 방식으로 분노를 표출한다. 거칠고, 말을 가리지 않을 뿐만 아니라 상대를 화나게 하는 말을 일부러 하는 식으로 상대방을 자극한다. 상황에 전혀 맞지 않을 정도로 분노를 보이고, 몸싸움이나 물건을 던지거나 부수는 폭력적 행동을 보이기도 한다. 이런 말과 행동은 상대에게 '제발 나한테 미안하다고 말해줘. 다시는 내가 싫어하는 행동을 안 하겠다고 말해줘'라는 메시지를 보내는 것이다. 따라서 상대가 자신이 만족할 만큼 반응을 보이지 않으면 그 행동은 장시간 계속된다. 이런 행동을 통해 주변 사람을 어찌할 줄 모르게 만들기도 한다. 극심한 스트레스가 생기면 피해망상도 온다. 또 자신이 낯설게 느껴지고 주변 사람이 다른 사람이 된 것 같은 해리 현상을 경험하기도 한다. 이러한 증상은, 연인, 배우자, 가족, 친구로부터 버림받거나 버림받을지도 모른다는 두려움으로 인해 발생한다. 이 증상은 짧게는 몇 분, 길게는 몇 시간 동안 지속된다. 상대방이 돌아오거나 돌아올 것이라는 희망을 가지면 저절로 사라진다. 즉 소중한 사람의 긍정적 반응에 의해 쉽게 호전되기도 한다.

진단기준 4 타인으로부터 버림받는 것을 굉장히 두려워하고, 버림받지 않기 위해 필사적으로 노력한다.

누구나 연애 초기에는 둘 다 도파민 분비량이 최대치를 이루면서 눈만 뜨면 상대가 생각나고 어떻게든 상대와 함께하고 싶어 한다. 하지만 도파민의 과다 분비가 지속되면 신체적으로도 무리를 주지만, 각자 사회생활을 해야 하는 입장에서는 일상적인 생활에도 지장을 준다. 따라서 연애기간이 지속되면 심리적, 신체적으로 서로에게 조금씩 익숙해지면서 도파민 분비도 안정적이 된다. 여기서 각자 성장환경에서 애착 형성이 잘된 사람들이 만난 커플들은 이런 변화단계를 큰 무리 없이 자연스럽게 받아들이고 관계를 계속 잘 이어간다. 자신의 연인과의 만남뿐만 아니라 자신의 일상에도 다시 집중하면서 예전만큼 연락을 취하거나 만나지 않아도 서로 간의 신뢰와 믿음에는 변함이 없는 관계로 발전한다. 하지만 성장환경에서 애착 상대에게 가졌던 기대가 좌절되고 일관적이지 않았던 경험을 통해 애착 형성이 잘 되지 않은 사람들은 타인을 잘 믿지 못하며, 연인관계에서 안정화 단계로 전환하는 과정에서 어려움을 많이 겪는다. 경계성 성격장애는 타인으로부터 버림받는 것을 굉장히 두려워하기 때문에 연인관계의 안정화 단계를 상대의 마음이 변했다고 불안해한다. 따라서 상대에게 계속적으로 애정표현을 요구하고, 연락 횟수와 만남의 횟수를 예민하게 해석한다. 끊임없이 자신에게 마음이 변하지 않았음을 확인시켜 주기를 바란다. 하지만 이런 계속되는 요구는 상대가 되레 자신에게 멀어지게 하는 계기를 만든다. 그리고 실제 이별 통보를 받으면 극렬히 매달리는 모습을 보이기도 하고 심지어 자신에 대한 배신행위로 간주하며 보복 행동을 하는 경우도 있다. 뉴스에서 이별 통보 후 자신의 연인에게 끔찍한 보복행위를 하는 기사를 심심치 않게 볼 수 있는데, 경계성 성격장애자에게서 특히 많이 나타나는 행동이다.

진단기준 5 **상대방을 극도로 이상화 혹은 평가절하해 불안정하고 극단적인 인간관계를 보인다.**

대인관계의 패턴이 매우 불안정한데, 대표적으로 타인과 친해지고 이별하는 과정에서 상대에 대한 평가에 중간이 잘 없다. 예를 들어 누군가와 만날 때 급속도로 가까워지지만 결별하는 것도 순식간이다. 친구, 동료, 상담사 등 모든 대인관계에서 이런 패턴이 나타난다. 처음 만나면 상대와 적극적으로 관계를 맺으며 관심, 애정 표현이 적극적이며 상대에게도 그런 정도의 표현을 요구한다. 또한 상대에 대한 평가도 매우 긍정적인데, 주변에다가 "정말 나와 너무 잘 맞아", "우린 정말 너무 잘 통해", "지금까지 만난 사람 중에 최고야", "난 이 사람과 평생 갈 거야", "왜 이제야 이런 사람을 만났는지 모르겠어"라고 평가한다. 하지만 경계성 성격장애의 이런 호의가 부담스럽거나 불편하면 상대는 멀어지거나 그의 요구를 거절하게 된다. 그러면 경계성 성격장애자는 순간 분노감정으로 돌아선다. 그리고 상대방을 극단적으로 평가절하하거나, 비난과 증오의 표현을 뽑아내거나, 자해와 자살 같은 극단적인 행동을 하기도 한다. 그에게는 적당히 좋은 사람은 존재하지 않는다. 상담자 입장에서도 경계성 성격장애자는 정말 쉽지 않다. 상담 초기에 자신의 말을 귀담아듣고 공감해 주는 상담사에게 부담스러울 정도의 친근감을 보이고 최고의 상담사로 추대한다. 하지만 상담 과정에서 현실을 직면시키거나 본인에게 불편한 질문이 이어지면 상담사는 곧 사기꾼으로 매도되기도 한다. 세상을 극단적인 선과 악으로 보기 때문에 쉽게 종교에 빠져드는 경향도 있다.

진단기준 6 **자신에게 해가 되는 충동적 행위(낭비, 폭식, 부주의한 운전, 문란한 성생활, 약물남용 등 최소 두 가지 영역)를 한다.**

충동을 조절하는 데 문제가 있어서 사후 결과를 고려하지 않은 채 순간적 감정에 충실해 문제행동을 저질러 버린다. 자제력이 없고, 충동적인 결정을 하는데 그 결과가 자기 파괴적이다. 홈쇼핑을 보다가 불필요한 구매를 하루에도 여러 차례 하고 나중에는 본인이 구매한 사실조차 잊어버리고 있다가 물건이 도착하면 당황해한다. 또한 구입한 물건을 뜯지도 않고 쌓아두는 경우도 많다. 섭식장애를 가지는 경우도 많은데, 그중 폭식증이 가장 흔하다. 스트레스를 받은 날 한번 먹기 시작하면 입으로 들어가는 양이 조절이 안 되어 폭식과 구토를 반복한다. 감정적으로 힘든 날 운전대를 잡으면 갑자기 폭력성이 올라와 과속, 급브레이크, 무리한 끼어들기 또는 끼어든 차량에 대한 보복행위 등을 시도하며, 이런 행동은 사고를 부르기도 한다. 그리고 애정이 없는 채 다양한 파트너와 성관계를 갖기도 하고, 수면제를 비롯 금지된 약물에 손을 대기도 한다.

진단기준 7 자아 정체성 혹은 자의식이 불안정하다.
진단기준 8 만성적 공허감을 느낀다.
진단기준 9 자해 행동, 자살 위협, 자살 시도 등을 되풀이한다.

일관된 정체성 혹은 자의식이 없어서 내면이 불안정하고, 늘 초조하고 공허함을 많이 느낀다. 내가 누구이고, 어떤 사람인지, 가치관은 무엇인지에 대해 깊이 고민하나 어느 하나 결론을 내리지 못하고 혼란 속에 빠져 있다. 이런 정체성 혼란은 그동안 생각했던 인생 목표, 커리어, 가치관에 갑작스런 변화를 일으킨다. 그래서 갑자기 다니던 학교를 그만두고 전공을 바꾸거나, 회사를 그만두고 전혀 다른 일을 하거나, 기존의 삶과 굉장히 다른 삶을 선택하기도 한다. 또한 이런 혼란은 대인관계에서도 사람을 선과 악으로 분리하고 극단적으로 관계를 결론 짓는다. 모든 사람이 자신을 싫어한다는 생각에 사로잡혀 갑작스럽게 관계를 끊고 잠수를 타는 행동을 하기도 한다.

또한 경계성 성격장애자는 내적 공허함을 심하게 경험한다. 이런 내적 공허함은 불안정한 관계에서 오는 외로움으로 느껴지기도 하지만 막연한 목표와 바램으로 인한 무기력감으로도 해석된다. 이 공허함을 채우기 위해 자극적인 행동 및 애정 요구를 하지만 결코 충족되지 않는다. 이런 불안감과 공허함에서 벗어나기 위해 자해 행동을 하거나 자살 시도 및 자살을 하기도 한다. 자해 행동은 주로 자신의 팔, 허벅지, 배 등을 날카로운 물건으로 긋거나 불로 지지거나 심하게 꼬집거나 벽이나 물건에 심하게 부딪혀 상처를 내는 행동을 말한다. 이런 행동은 상대의 분리, 거절 또는 버림에 대해 자신의 고통을 알아주기를 바라는 의도에서 행하는 경우가 많다. 또한 자신의 정신적 고통을 신체적 고통으로 전환시키기 위해, 살아있는 느낌을 받기 위해, 순간적인 분노 에너지를 분출하기 위해서도 행한다. 자해 행동은 자살의 의도를 갖지 않는다. 처음부터 자살 의도를 가졌다면 누구의 방해도 받지 않는 시간과 상황을 선택할 것이다. 오히려 자해 행동은 주변 사람들에게 도움을 요청하는 의미가 크다. 다만 자해 행동은 신체에 매우 위험하며, 이런 행동이 반복되면 자살 행동으로 이어지기도 한다. 첫 자해 행동 후 6개월 내 자살률이 가장 높고, 자해 행동을 하지 않는 사람보다 자살률이 30배나 높다.

작곡 일을 하고 있는 나○○(남, 25세) 씨는 얼마 전 자해 행동을 하고 있는 자신을 보고 더 이상 이대로 가면 큰일 나겠다는 판단이 들어 상담을 받기 시작했다. 나 씨가 기억하는 어린 시절 아버지는 매우 권위적이고 가부장적이었다. 그런 아버지 옆에서 어머니는 매우 무기력했으며, 나 씨에게 힘든 상황을 의지했다. 나 씨는 원치 않게 너무 이른 나이부터 어른이 되어야 했고, 그 상황이 너무 싫어서 고등학교를 졸업하자마자 바로 독립했다. 자취 생활과 사회 생활이 많이 힘들 때면 한 번씩 집을 찾아갔으나, 그때마다 어머니는 자신을 붙들고 신세 한탄을 쏟아내었다. 공허함을 채우기 위해 사귀어본 여자친구도 여러 명 있었지만 자신의 심한 집착으로 관계는 항상 오래가지 못했다. 헤어지는 것이 두려워 두 명을 동시에 만나 보기도 했지만 불안감이 해소되지 않았다. 얼마 전 여자친구와 다툰 후 이별 통보를 받고 집에 와서 혼자 술을 마셨는데 자신도 기억하지 못하는 상황에서 손목에 자해 행동을 했다.

경계성 성격장애 원인 찾기 ¶

네델란드의 711쌍의 쌍둥이와 561명의 부모가 참여한 경계성 성격장애 유전적 특성 규명 연구에서 경계성 성격장애 특성이 42%는 유전적 특성에 기인하고 58%는 환경의 영향을 받는다고 결론지었다. 유전적 특성으로 9번 염색체가 경계성 성격장애 발현에 영향을 미치는 것으로 조사되었다. 경계성 성격장애자의 가족들 중에 경계성 성격장애 환자가 유의미하게 많이 보고되는데, 직계 친척 사이에서 약 5배가 더 많다.

환경적 영향은 부모나 교사 등 아이의 성장 과정에 중요한 영향을 미치는 사람으로부터 학대와 보호가 불안정하게 반복되는 경험을 했거나 충격적인 외상 경험을 들 수 있다. 학대에는 언어적 학대, 신체적 학대, 성적 학대가 있다. 그 외 부모의 양육 태만과 18세 이전에 부모의 이혼을 포함한 부모 상실을 경험했다. 어린 시절 이런 부정적 경험이 있었을지라도 성장하면서 또 다른 좋은 관계를 경험하면서 극복될 수 있는데 그렇지 못할 경우 이 흔적으로 평생 살아간다. 어린 시절부터 반복되는 부정적 경험으로 높은 스트레스를 받은 아이들은 비정상적으로 큰 편도체를 가지게 되고 이는 다른 두뇌 영역과 더 강하게 연결되어 사소한 자극에도 민감하고 심한 불안을 보인다. 이 상태가 장기간 지속되면 전두엽의 판단 능력과 충동조절 능력에 기능 저하를 가져오게 되며 악순환은 반복된다.

비슷해서 헷갈리는 다른 증상들 ¶

경계성 성격장애 VS 편집성 성격장애

경계성 성격장애와 편집성 성격장애의 공통점은 세상을 악하게 본다는 점과 사소한 자극에도 분노로 반응하는 경향을 들 수 있다. 차이점은 편집성 성격장애자는 삶의 위협에 대해 능동적으로 대처한다. 자신은 충분히 강하고 힘이 있는 존재로 인식하기 때문이다. 또한 자신의 생각과 결심에 대해 아주 완고하면서 유연성이 없다. 반면 경계성 성격장애자는 자신을 스스로 약한 존재로 인식함으로써 삶의 위협에 대해 타인에게 의존하며 매달린다. 또한 일관성이 없으며 매우 불안정한 모습을 보인다.

구분	경계성 성격장애와의 공통점	경계성 성격장애와의 차이점
편집성 성격장애	• 세상을 악하게 봄 • 사소한 자극에도 분노 반응 보임	**경계성 성격장애** • 삶의 위협에 대해 타인에 의존적이고, 일관성이 없고, 불안정함 **편집성 성격장애** • 삶의 위협에 대해 능동적이고, 자신의 결심에 대해 완고하고, 유연성이 없음

경계성 성격장애 VS 연극성 성격장애

경계성 성격장애와 연극성 성격장애의 공통점은 하나의 일관된 모습이 아닌 여러 가지 성격과 모습을 보여준다는 점이다. 또한 상대를 자신의 뜻대로 조정하려 하고 급격한 감정변화를 보인다는 공통점이 있다. 하지만 연극성 성격장애는 대인관계에 있어 친밀감 높은 표현을 잘하고 상대에게 잘 맞추는 경향이 있고 애교와 아양이 많다. 반면 경계성 성격장애자는 상대를 대할 때 충동적이면서도 비일관적이다. 또한 관계에 있어 애정 표현과 연락 등 요구가 지나치게 많으며, 이런 기대를 충족시켜주지 못하면 격렬한 분노 표현을 한다는 점이 다르다.

구분	경계성 성격장애와의 공통점	경계성 성격장애와의 차이점
편집성 성격장애	• 다양한 성격, 모습 지님 • 상대를 조정하려 함 • 급격한 감정변화를 보임	**경계성 성격장애** • 충동적이고, 비일관적인 행동을 함 • 지나친 요구와 잦은 분노 표출을 함 **연극성 성격장애** • 친밀감 높은 표현을 함 • 애교와 아양이 많음

경계성 성격장애 VS 의존성 성격장애

경계성 성격장애와 의존성 성격장애의 공통점은 타인에게 버림받는 것을 매우 두려워하며, 상대가 자신에게 멀어지는 것을 느끼면 강렬히 매달린다는 점이다. 차이점은 경계성 성격장애자는 상대가 자신의 생각과 다르면 어느 정도는 맞추려 한다. 다만 자신의 믿음이나 호감을 거절하거나 이별 통보를 받으면, 급격히 상대를 비난하고 강렬한 분노 표출과 함께 상대를 공격하며 심지어 자기 자신을 해하는 행동까지도 한다. 반면 의존성 성격장애는 자기 생각과 다르고 심지어 완전히 반대라 할지라도 자기 자신의 생각을 없애고 상대에게 맞춘다. 경계성 성격장애자처럼 상대에 대한 급진적이고 공격적인 태도로 돌변하는 경우가 드물다. 또한 사랑하는 사람에게 거절 또는 버림을 받게 될 때 상대에게 매달리기는 하나 헤어진 후에는 포기가 빠르고 금세 자신을 책임져 줄 또 다른 사람을 찾아낸다.

구분	경계성 성격장애와의 공통점	경계성 성격장애와의 차이점
의존성 성격장애	• 타인에게 버림받는 것에 대한 두려움이 큼 • 상대가 멀어진다 느낄 시 강렬히 매달림	**경계성 성격장애** • 자신의 믿음, 호감이 거절되면 급격한 비난, 분노, 자해 행동을 보임 **의존성 성격장애** • 상대에게 절대적으로 맞춤 • 거절당해도 공격적 태도를 보이지 않음. 이별 후 금세 새로운 사랑을 찾음

경계성 성격장애 VS 양극성 장애(조울증)

경계성 성격장애와 양극성 장애의 공통점은 기분, 에너지, 생각과 행동에 극단적인 변화가 있다는 점이다. 차이점은 양극성 장애는 조증과 우울증의 양극단 사이에서 기분 변화가 수 시간, 수 주, 수 개월간 지속되는 반면, 경계성 성격장애는 지속 기간이 몇 시간, 몇 일로 상대적으로 짧다.

구분	경계성 성격장애와의 공통점	경계성 성격장애와의 차이점
양극성 장애	우울, 고양의 기분 상태가 급격히 교차함	**경계성 성격장애** • 양극단으로의 기분 변화 지속 기간이 수시간이나 수일 동안 지속됨 **양극성 장애** • 양극단으로의 기분 변화 지속 기간이 수주 또는 수개월 지속됨

대 처 방 법

주변에 경계성 성격장애자가 있다면 …

누구나 사회적 가면을 가지고 있지만 특히 경계성 성격장애자는 사회적 가면이 발달되어 있어서 가족 이외의 사람들은 그의 실제 모습을 모르는 경우가 많다. 일상적 직장 동료, 가끔 한 번씩 만나는 친구들은 물론이고 가볍게 만났던 연인이라면 그의 증상을 눈치채지 못하는 경우가 많다. 하지만 수십 년 동안 알고 지내는 친구, 장기간 연애를 지속한 연인, 결혼한 배우자는 그의 실제 모습을 알게 된다. 이때 그의 주변인들은 그의 충동적이고 급격한 기분 변화가 큰 충격일 수 있다. 그래서 가족은 물론이고, 연인, 가까운 친구와 동료는 그의 증상을 악화시키지 않기 위한 몇 가지 주의점을 숙지하는 것이 필요하다.

▌그를 자극하지 말라

"너 또 그러니? 제발 그만 좀 해", "너 이러는 거 정말 지긋지긋하다" 등으로 그를 감정적으로 자극하는 말을 내뱉지 말아야 한다. 이런 말을 하는 의도는 그의 집착적인 과잉 행동을 멈추게 하고 싶어서겠지만 절대 이런 말로 그를 안정시킬 수 없다. 자신의 존재를 부정당했고 이런 말을 하는 상대가 자신을 떠날지도 모른다는 불안감에 사로잡히면서 더 격렬한 행동을 보인다. 더 자극했다가는 스스로를 해하는 행동으로 번질 수 있다. 그에게 압박과 스트레스는 쥐약이 될 수 있다.

▌일관된 모습을 보여라

경계성 성격장애가 괜찮으면 따뜻하게 대했다가, 집착하고 충동적 행동을 하면 똑같이 비난을 퍼부으며 화를 내는 행동은 매우 좋지 않다. 이런 행동은 경계성 성격장애자에게 더 불안감을 유발하고 정신적으로 해를 가하는 행동이다. 가끔 경계성 성격장애자의 모습을 보면 제멋대로이고 상대방을 함부로 대한다는 느낌까지 받을 수 있다. 하지만 실제로는 자존감이 바닥으로 떨어지고 혼란스럽고 불안함이 밀려와 나타나는 반응으로 해석하는 것이 옳다. 경계성 성격장애자가 이런 행동을 보일 때 가장 좋은 대응 방법은 당신이 평정을 찾는 것이다. 상대방이 흥분할 때 그에게 휩쓸리지 말고 한 걸음 물러나서 당신이 차분해지는 것이 필요하다. 좋은 일이든 나쁜 일이든 한 사람이 막 소리 지르며 흥분하는데, 옆 사람도 같이 그와 비슷한 행동을 하면 그 흥분이 배가 되고 오래가지만, 옆의 사람이 아무런 반응이 없으면 약간 머쓱해짐과 동시에 그 흥분도 오래가지 않는다. 그리고 그가 조금 가라앉으면 감정적으로 힘든 점을 공감해 주는 반응도 필요하다. 하지만 무엇보다 당신이 떠나지 않을 것이라는 믿음을 주는 것이 필요하다.

▌ 솔직하고 분명한 모습을 보여라

불안도가 높은 사람에게 상대의 모호한 발언과 태도는 그의 불안도를 더 높일 수 있다. 오해받을 행동을 처음부터 줄이고 순간 모면을 위한 거짓말은 아무리 가볍더라도 안 하는 것이 좋다. 평소에 작은 것이라도 솔직하게 공유하여 신뢰를 얻는 것이 필요하다. 다른 사람보다 몇 배나 예민하고 불안한 경계성 성격장애자한테는 이런 행동이 관계에 매우 도움이 된다. 경계성 성격장애자가 의지하는 사람이 충분한 안전기지가 되어줄 때 경계성 성격장애자는 많은 안정감을 찾을 수 있다.

▍ 전문가의 도움을 받아라

상태가 심각하다면 일반인이 감당하기에는 많은 무리가 있다. 그를 잘 설득하여 전문가의 도움을 받을 수 있도록 하라. 다행히 경계성 성격장애는 호전효과가 좋다. 저절로 나아지길 기대하다가 경계성 성격장애자도 주변 사람도 점점 더 많이 힘들어질 수 있다.

대 처 방 법

내가 경계성 성격장애로 의심된다면 …

▍ 걱정하는 시간 15분을 설정하라

불안도가 높은 당신은 온종일 걱정과 근심을 안고 살아가고 있을 수 있다. 그런 사고방식이 위험을 대비해 줄 수도 있지만 당신과 당신 주변 사람을 매우 힘들게 할 수 있다. 그리고 한번 걱정에 빠지면 그 걱정이 꼬리에 꼬리를 물며 불필요한 불안도를 높인다. 따라서 불필요하게 나를 잡아먹는 걱정의 시간을 하루에 일정 시간으로 정해놓는 훈련이 필요하다. 편안한 시간에 걱정 시간을 정해두고, 나머지 시간에 걱정거리가 머릿속에 떠오르면 걱정 시간으로 그 고민을 뒤로 미루는 훈련을 하는 것이 도움이 된다. 걱정 시간은 15분에서 최대 30분을 넘기지 않도록 하는 것이 좋다.

▌ 가족이나 지인에게 도움을 요청하라

당신을 잘 아는 가족조차도 당신의 급격히 변하는 감정과 충동적 행동을 모두 이해하기는 힘들다. 또한 가족이라고 해서 당신의 모든 행동을 이해해 주어야 하는 것도 아니다. 하지만 당신은 지금 아픈 상태이며 가족들의 도움이 필요하다. 따라서 가족이나 가까운 주변인들에게 당신의 상태를 말하고, 당신이 힘든 순간이 되었을 때 보여주었으면 하는 반응도 부탁해 두는 것이 필요하다. 예를 들어 "내가 미친 듯이 소리 지를 때는 그냥 가만히 나를 안아줘", "아무리 작은 거라도 나에게 거짓말은 하지 말아줘" 등이 될 수 있다. 하지만 이런 것은 어디까지나 부탁이다. 미리 부탁했다고 해서 마음대로 행동한 게 정당화될 순 없다. 마음이 진정이 되면 사과도 필요하고, 어떻게든 조금씩 조절하려고 노력해야 하며, 그렇게 노력하고 있는 당신을 스스로 사랑해야 한다.

▌ 감정 조절법을 익혀라

경계성 성격장애자가 감정을 컨트롤하지 못하는 것을 넘어서 자해 행동까지 행하기 시작하면 매우 위험한 징조이다. 간혹 극렬히 분노하다가 자신도 모르는 사이에 자신을 해치는 행동을 할 수 있다. 자해 행동을 시도하였다면 반드시 전문가를 찾기 바란다. 하지만 그 정도까지는 아니라면 스스로 조절하는 것을 시도해 볼 수 있다. 대표적으로 분노조절을 위해 분노가 끓어오를 당시 자신이 취할 행동을 스스로 정해 두는 것이 필요하다. 행동이 과격해지지 않도록 양손을 꼭 오므려 모은다든가 차분한 음악을 듣거나 호흡을 조절하는 방법 등이 있을 수 있다. 분노를 강하게 표출하면서 해소하는 것이 반복되면, 다음에는 작은 것에도 그 정도의 분노를 표출해야 해소되는 악순환이 될 수 있음을 기억해야 한다.

▌ 전문가를 찾아라

경계성 성격장애자에게 필요한 것은 무엇보다도 심리적인 안정감을 줄 수 있는 관계이다. 무슨 말을 하거나 행동을 해도 자신을 버리지 않을 따뜻하고 안정적인 사람이 필요하다. 운 좋게도 주변 사람 중에 이런 역할을 해 줄 사람을 만나기도 한다. 하지만 부모조차도 자녀의 이런 모습을 감당해내기가 쉽지 않다. 때문에 전문가를 만나는 것이 필요하다. 상담을 받는 동안 안정된 관계를 경험하고 그 방법을 학습함으로써 자신을 돌볼 힘이 생긴다. 치료 과정이 물론 길고 시간이 오래 걸리기는 하지만 분명 나아진다.

10
어느 별에서 왔니?

유형 10

조현형 성격장애
(Schizotypal Personality Disorder)

조현형 성격장애 진단하기 ¶

다음 항목 중 5개 이상 해당이 된다면 조현형 성격장애를 의심해 볼 수 있다.

❶ 다른 사람들의 말과 행동이 자신에 대해 말하는 것처럼 느낄 때가 많다.

❷ 이상한 믿음이나 마술적 사고가 행동에 영향을 미친다. 예컨대 미신에 사로잡혔거나 투시력, 텔레파시 혹은 육감을 믿는다.

❸ 신체적 환각증상(소리, 미세한 움직임 등)을 포함하여 순간적으로 몸에서 기묘한 감각을 느낄 때가 있다.

❹ 말이 애매하거나 비유적이거나 장황하여 하고 싶은 말이 무엇인지 잘 모르겠다는 소리를 듣는다.

❺ 생각이 엉뚱, 부당, 편협하다는 소리를 듣는다.

❻ 독특, 별종이란 말을 듣는다.

❼ 쉽게 사람을 믿지 못하는 편이다.

❽ 직계 가족 외에는 가까운 친구나 마음을 털어놓을 수 있는 사람이 없다.

❾ 세상은 두려운 곳이라 생각한다.

〈 K기업 연구개발팀 김OO 연구원 인터뷰〉

김 연구원   출근길 지하철에서 저와 매번 같은 칸을 타는 여성분이 있는데요, 저는 지하철을 타면 맨 끝 칸을 선호하는데 그분도 꼭 저와 같은 칸을 탑니다. 물론 그분이 2호선으로 갈아타기 때문에 그 칸이 제일 이동하기에 가까워서 일 수도 있지만 꼭 그 이유 때문 같아 보이진 않아요.

정 박사   그럼 어떤 다른 이유가 있다고 생각하세요?

김 연구원   스마트폰을 보고 있는 거 같지만 저를 굉장히 의식하고 있는 것이 느껴져요. 제가 다른 곳을 보고 있으면 저를 계속 쳐다보고 있는 것이 느껴질 정도이고요. 그러다 저

의 주의를 끌려는 행동도 합니다. 머리를 좌우로 흔들면
서 뒤로 묶거나 다리를 꼬거나 심지어 눈을 감고 잠을
자는 척도 합니다. 그리고 제가 아이보리색을 좋아하는
데 언제부턴가 계속 아이보리 계통의 옷만 입는 거 있죠.

정 박사 그분과 대화를 해 보신 적이 있나요?

김 연구원 아니요. 하지만 실제 대화 여부는 그리 중요하지 않아
요. 우린 서로 느끼거든요.

조현형 성격장애 파헤치기

정신분열증이 조현병으로 개칭된 것과 마찬가지로, 과거의 분
열형 성격장애가 조현형 성격장애로 명칭이 개정되었다. 조현형 성
격장애는 사회적으로 고립되어 있으며 기이한 생각이나 행동을 나
타내어 사회적 부적응을 초래하는 성격장애를 말한다. 대인관계 형
성에 심한 어려움과 경미한 정신분열증적 증상을 동반하기 때문에
과거에 단순형 정신분열증Simple Schizophrenia이라고 불리기도 했
다. 다른 성격장애보다 더 심각한 사회적 부적응을 경험하기 때문
에 직장에서 흔히 발견되지는 않는다. 심한 스트레스를 받으면 일
시적으로 정신증적 증상을 나타내기도 한다. 일반 인구에서 3%의
유병률을 보이며, 남성에게 더 흔하다.

진단기준 1 **다른 사람들의 말과 행동이 나에 대해 말하는 것처럼 느껴질 때가 많다.**

우연이거나 다른 외부적 요인에 의해 일어난 일을 자신에게 특별한 의미가 있다고 잘못 해석하는 관계망상적 사고를 한다. 같은 건물에서 근무하다 보니 1층 엘리베이터 앞에서 자주 마주쳤던 사람과 우연히 눈이 마주치자 자신과 만나기 위해 상대가 애쓰고 있다거나 자신을 감시한다고 생각하는 것이 그 예다. 또는 한 번도 대화를 나눠보지 않은 상대를 스토커하면서 그가 하는 행동이 자신에게 매력적으로 보이기 위해 의도된 행동이라고 해석하기도 한다. 김정은 북한 국무위원장의 건강이상설이 나오자, 탈북자 출신 국회의원 당선자가 "나의 당선으로 인해 마음이 아파서 그런지 모르겠다"라고 한 발언이 만약 진담이었다면 관계망상적 사고의 좋은 예가 될 수 있다.

진단기준 2 **이상한 믿음이나 마술적 사고가 행동에 영향을 미친다. 예컨대 미신에 사로잡혔거나 투시력, 텔레파시 혹은 육감을 믿는다.**

과학적으로 설명할 수 없는 이상한 믿음에 집착하여 자신에게 어떤 일이 일어날지를 미리 감지할 수 있다고 생각한다. 그리고 좋지 않은 예감이 드는 경우 미리 대비하는 행동을 취하는데, 예를 들어 자신이 읽고 있는 책의 특정 단어를 모두 지운다든가, 길을 걸을 때 항상 오른쪽으로만 길을 가는 식이다. 이를 통해 자신에게 벌어질 수 있는 불행한 사건을 통제할 수 있다고 믿는다. 어릴 때 횡단보도를 건너면서 '흰색 선만 밟고 검정색은 절대로 밟으면 안 돼'라는 식의 생각을 하면서 길을 건너는 경험을 해 봤을 수 있다. 그런데 조현형 성격장애는 이런 행동이 성인이 되어서도 지속적으로 삶에 광범위하게 나타난다. 또한 상대방의 마음을 읽을 수 있다고 생각하는데, 이것은 같은 공간에 있지 않아도 가능하며 심지어 죽은 사람과도 대화를 나눈다고 말한다. 자신이 점쟁이, 영매, 투시력이나 텔레파시 능력이 있다고 말하는 사람들은 조현형 성격장애를 고려해야 한다. 자신의 특정한 능력으로 상대방의 마음을 조정할 수 있다고 생각하기도 한다. 미운 직장 동료가 어떤 사고를 겪으면 자신이 주술을 발휘했다고 믿고, 승진을 하면 그의 상사에게 자신이 텔레파시를 보냈다고 말한다.

진단기준 3 신체적 환각증상(소리, 미세한 움직임 등)을 포함하여, 순간적으로 몸에서 기묘한 감각을 느낄 때가 있다.

실제로 그렇지 않은데 누군가 자신의 이름을 부른다든지 자신의 행동이나 생각에 대해 간섭하는 목소리가 들리는 환청, 자꾸 누군가가 나를 쳐다보고 있다고 느끼는 환시, 어디선가 이상한 냄새가 자꾸 난다고 하거나 음식에서 독약 냄새가 난다고 느끼는 환후, 자신의 피부에 벌레가 기어 다닌다고 느끼는 환촉 등이 일시적으로 나타난다.

진단기준 4 말이 애매하거나 비유적이거나 장황하여 하고 싶은 말이 무엇인지 잘 모르겠다는 소리를 듣는다.

진단기준 5 생각이 엉뚱, 부당, 편협하다는 소리를 듣는다.

진단기준 6 독특, 별종이란 말을 듣는다.

　조현형 성격장애자는 일반 상식선에서 부적합하거나 벗어난 행동을 한다. 예를 들어 사람들과 함께 있는 공간에서 아무렇지 않게 방귀를 끼거나 대화 도중 코를 후비는 행동을 한다. 혼자만의 생각에 사로잡혀 있다가 혼잣말을 하거나 히죽히죽 웃기도 한다. 수업 중이거나 회의 중인 장소에 늦게 들어왔을 때도 조심스러움이 전혀 느껴지지 않게 부산스럽게 움직인다. 그런 행동으로 주변의 시선을 끌어도 전혀 개의치 않는다. 연말 시상식장에 패딩을 입고 나타난 모 연예인의 사례처럼, 상황 또는 계절과 전혀 어울리지 않는 복장을 하기도 한다. 이런 독특한 행동 때문에 주변 사람들은 조현형 성격장애자를 무례하고 불쾌한 사람으로 인식하는 경우가 많다. 조현형 성격장애자는 행동뿐만 아니라 말을 하는 패턴도 독특한데 번번이 대화 주제에서 벗어난 내용을 말하거나 논리가 일관되지 않는다. 또한 모호하고, 우회적이고 은유적인 표현을 자주 하는데, 예를 들어 시구나 노래 가사, 영화 대사를 들어 표현한다. 또는 지나치게 구체적인 표현을 사용하거나 한 가지를 계속 반복하는 패턴을 보이기도 한다. 조현형 성격장애자의 이런 특성들은 사람들이 그를 피하게 만드는 주요한 이유가 된다. 흥미로운 사실은 스스로 이런 행동과 말을 함에도 불구하고 주변 사람들이 자신을 피하는 이유를 알지 못한다.

〰️

L연구원 권○○(남, 41세) 씨는 사내에서 4차원으로 불린다. 옆에서 보면 항상 자신의 생각 속에 빠져 골몰해 있는 거 같고 혼자 중얼거리기까지 한다. 대부분의 시간을 혼자 보내며 말을 걸면 시선을 맞추지 못하고 횡설수설한다. 머리와 옷은 물론이고 책상 위는 항상 정돈되어 있지 않은 상태라 자신의 일은 잘할까 싶은데 간혹 매우 창의적인 주제로 연구 성과를 내놓아 주변을 놀라게 하는 경우가 있다.

조현형 성격장애자들은 종종 '세상에 이런 일이'와 같은 독특한 사람을 주인공으로 하는 프로그램에 자주 등장한다. 한 예로 오○○(여, 30대 중반) 씨는 타로점과 손금을 보는 일을 직업으로 가지고 있으며, 자신에게는 텔레파시로 외계인과 대화를 나눌 수 있는 능력이 있다고 말한다. 그녀는 차후 유능한 점술가가 되는 것이 꿈이다. 항상 발목까지 내려오는 치마를 입고 있으며 머리에는 천을 두르고 있다. 집에서 일터까지 타는 택시의 번호에서부터 여행할 때 자신이 앉는 좌석번호까지 매우 집착한다. 이런 행동이 자신을 위협으로부터 지켜줄 수 있다고 강하게 믿기 때문이다.

<u>진단기준 7</u> 쉽게 사람을 믿지 못하는 편이다.

<u>진단기준 8</u> 직계 가족 외에는 가까운 친구나 마음을 털어놓을 수 있는 사람이 없다.

<u>진단기준 9</u> 세상은 두려운 곳이라 생각한다.

조현형 성격장애자는 사람들이 자신을 피한다는 것은 알지만 그 이유를 알지 못한다. 사람들에게 소외되는 상황을 자주 경험하면서 대인관계에 대한 자신감은 떨어지고 불안도는 높아진다. 불행히도 이런 불안도는 피해망상적 사고를 증가시키는데, 사람들이 자신을 해치려는 의도를 가지고 있다고 믿으며 의심하는 악순환을 만든다. 따라서 보통 사람들은 사람들 속에서 익숙함과 친숙함을 느끼며 긴장이 해소되는 반면, 조현형 성격장애는 시간이 지날수록 긴장과 의심이 더욱 증폭된다.

이렇듯 조현형 성격장애자는 타인과의 접촉을 피하려 애쓰기 때문에 대다수는 타인에게 위험하지 않다. 하지만 간혹 타인과의 관계가 극도로 혼란스러운 나머지 갈등을 겪거나 나아가 폭력적인 성향을 보이기도 한다. 안타깝게도 조현형 성격장애를 가진 사람들 중에는 스토커가 되기도 한다. 가볍게 알고 지낸 사람들이 강박의 대상으로 변질된 것이다.

조현형 성격장애 원인 찾기 ¶

조현형 성격장애자는 조현병Schizophrenia에 가까운 유전적 요인을 가졌으나 환경 또는 발병을 억제하는 다른 요인에 의해 조현병으로 진행하지 않은 상태로 보는 것이 일반적이다. 따라서 유전적 요인이 다른 성격장애보다 비교적 크다. 친부모가 조현병이 있는 경우 보통 사람들보다 발생 빈도가 높다.

그러나 양육 환경도 많은 작용을 한다. 첫 번째는 아이가 조현병 부모의 행동을 모방하는 경우이다. 부모가 아이에게 초능력의 존재를 언급하며 실제 아이가 믿도록 하는 것이다. 또한 아이에게 마치 미래를 예언하는 특별한 능력이 있는 것처럼 주지시키는 것이다. 두 번째는 냉담하고 정서적 교류가 없는 가정 분위기이다. 따라서 대인관계를 맺고 의사소통하는 기술을 제대로 학습하지 못했을 수 있다. 세 번째는 부모로부터의 무관심과 무시, 형제 관계에서의 비난과 모욕 등을 받으며 성장한 환경에서 원인을 찾을 수 있다. 이런 경험은 아이의 자존감을 낮추고 스스로 비하하여 대인관계의 불신을 키운다. 관계에서 일어나는 갈등을 해결하는 방법을 제대로 학습하지 못하여 또래들과 어울리는 데 많은 어려움을 겪는다. 결국 사람들로부터 자신을 보호하기 위한 부적절한 행동(의심, 철수)으로 이어지고 이는 악순환이 된다.

비슷해서 헷갈리는 다른 증상들 ¶

조현형 성격장애 VS 편집성 성격장애

조현형 성격장애와 편집성 성격장애는 대인관계에서 타인을 의심하고 편견을 고집하고 남의 말을 듣지 않는 편집적 사고의 모습을 보여 대인관계가 고립되어 있다는 공통점이 있다. 차이점은 조현형 성격장애는 마술적 사고, 이상한 지각 경험 그리고 괴이한 사고와 말의 증상을 추가로 가지고 있다.

구분	조현형 성격장애와의 공통점	조현형 성격장애와의 차이점
편집성 성격장애	의심, 편견, 편집적 사고로 인한 대인관계가 고립됨	조현형 성격장애는 마술적 사고, 이상한 지각 경험, 괴이한 사고와 말 같은 증상이 추가됨

조현형 성격장애 VS 조현성 성격장애

조현형 성격장애와 조현성 성격장애와의 공통점은 사회적 활동이 원활하지 못하다는 점이다. 사람들과 함께 일하며 팀워크를 발휘하고 친밀한 대인관계를 유지하는 데 어려움을 겪는다. 다만 그 이유가 조현성 성격장애의 경우는 본인이 사회적 활동에 대한 욕구 자체가 없어서라면, 조현형 성격장애는 욕구는 있으나 관계 속에서 이질감을 느끼기 때문이다. 즉 본인의 독특한 사고와 행동으로 주변 사람들이 꺼려하여 무리 속에 속하는 것이 부자연스럽다.

구분	조현형 성격장애와의 공통점	조현형 성격장애와의 차이점
조현성 성격장애	사회적 활동이 원활하지 못함	**조현형 성격장애** • 사회적 활동에 대한 욕구 있음. 다만 사회에 속한 사람들과 이질감을 느낌 **조현성 성격장애** • 사회적 활동에 무관심함

조현형 성격장애 VS 회피성 성격장애

조현형 성격장애와 회피성 성격장애와의 공통점은 친밀한 대인관계가 어렵다는 점이다. 다만 그 이유가 회피성 성격장애는 거절에 대한 두려움 때문에 본인이 대인관계를 회피하는 반면, 조현형 성격장애는 본인의 독특한 사고방식과 행동 패턴으로 주변에서 꺼려하기 때문이란 점이 차이점이다.

구분	조현형 성격장애와의 공통점	조현형 성격장애와의 차이점
회피성 성격장애	친밀한 대인관계의 어려움	**회피성 성격장애** • 거절에 대한 두려움 때문에 관계를 회피함 **조현형 성격장애** • 독특한 사고와 행동으로 인해 주변에서 친밀한 대인관계를 꺼려함

조현형 성격장애 VS 경계성 성격장애

조현형 성격장애와 경계성 성격장애와의 공통점은 스트레스를 받으면 일시적인 정신증적 증상이 나타난다는 점이다. 차이점은 조현형 성격장애의 경우 스트레스를 받으면 정신증적 증상은 나타나지만 감정적인 반응과는 관계가 없는 반면, 경계성 성격장애의 경우 분노 발작이나 잦은 감정변화가 반복된다.

구분	조현형 성격장애와의 공통점	조현형 성격장애와의 차이점
경계성 성격장애	스트레스에 대한 일시적인 정신증적 증상을 보임	**조현형 성격장애** • 정신증적 증상 나타나나, 그 증상이 감정적인 반응과는 무관함 **경계성 성격장애** • 스트레스를 받으면 분노 발작, 잦은 감정 변화를 보임

조현형 성격장애 VS 조현병

조현형 성격장애와 조현병과의 공통점은 일반 사람들에 비해 기이하고 독특한 사고와 행동을 한다는 점이다. 차이점은 조현형 성격장애의 경우 스트레스가 심할 때 일시적으로 망상과 환각이 일어나지만, 조현병의 경우 평상시에도 망상과 환각이 일어난다는 점이 다르다. 또한 조현형 성격장애의 경우 타인이 이상하다고 생각하는 부분을 감지하고 숨길 충분한 능력이 있다. 자신의 병을 인지하거나 감출 수 없는 대부분의 조현병들과 다르다.

구분	조현형 성격장애와의 공통점	조현형 성격장애와의 차이점
조현병	기이하고 독특한 사고와 행동을 보임	**조현형 성격장애** • 스트레스가 심할 때 일시적으로 망상과 환각이 나타남. 자신의 증상을 숨길 수 있음 **조현병** • 일상에서 망상과 환각이 일어남

대처방법

주변에 조현형 성격장애자가 있다면 …

▌진지하게 대응하라

흔한 경우는 아니지만 조현형 성격장애자는 스토커가 되기도 한다. 혹시 당신을 스토킹하여 사소한 위협이라도 감지된다면 이를 진지하게 받아들일 필요가 있다. 대수롭지 않게 넘기거나 혼자 끙끙대지 말고 경험 많은 전문가에게 반드시 도움을 요청해야 하고 그의 지시를 따르는 것이 필요하다.

▌독립적으로 일할 환경을 만들어 주어라

타인에 대한 관심이 떨어지고, 자기중심적이라 남들과 보조를 맞추는 등의 활동에 적응력이 떨어진다. 따라서 독립적인 자영업을 하거나, 조직 생활을 하는 경우에도 상호작용의 빈도가 적은 일이 적합하다. 성향에 맞는 환경이 주어지면 충분한 재능을 발휘할 수 있는 반면 강하게 억압하거나 궁지로 몰면 공격적이 될 수 있다.

▌억지로 변화시키려 하지 마라

독특한 사고방식과 행동을 하고 대인관계가 매우 서툴다. 또한 자기중심적 사고가 강해서 주변 사람들이 자신을 피하는 것은 알지만 그 이유를 알지 못한다. 따라서 조현형 성격장애자를 변화시키려고 압력을 가하고 심하게 닦달하면, 그에게 불안과 피해망상을 심화시킬 수 있다. 따라서 그대로 인정하는 것이 필요하다. 일반인들이 조현형 성격장애자를 치료하는 것은 불가능에 가깝고 되레 증세를 악화시킬 수 있다. 대신 충분한 신뢰가 형성된 후 공공장소에서의 적절한 언행과 행동의 빈도를 늘리고 객관적 증거를 통한 사고를 할 수 있도록 조언을 하는 정도는 가능할 수 있다.

▌창의력을 발휘할 기회를 주어라

능력을 살릴 수 있는 환경이 제공되지 못하면 고립이나 자폐 등으로 빠져들 수 있다. 반면 주변 사람들이 그의 상식에 얽매이지 않으며 섬세하고 예민한 면을 잘 발휘할 수 있는 환경을 만들어 준다면 보통 사람들보다 뛰어난 능력을 발휘할 수도 있다. 비현실적인 사고가 오히려 뛰어난 창의력으로 발현되어 조현형 성격장애자 중에는 예술 분야(문학인 등)나 연구분야, 종교나 철학 분야에서 큰 업적을 쌓기도 한다. 또한 기술 혁신을 요하는 기술자나 기획자처럼 지금까지 없었던 새로운 영역을 개척하는 분야에서도 적합하다. 종교가, 점술가, 영적 치료사 등으로 활약하는 사람 가운데 이 유형이 많다.

대 처 방 법

내가 조현형 성격장애로 의심된다면 …

▌조언을 받아라

사회적 고립을 줄이는 것이 무엇보다 필요하다. 그러기 위해서는 주변 사람들이 당신을 멀리하는 원인을 제대로 알 필요가 있다. 우선 그 원인은 당신 자신의 행동이나 말에서 비롯되었을 가능성이 매우 높다. 하지만 구체적으로 무엇인지를 스스로 찾고 인정하는 것은 쉽지 않은 일이다. 따라서 당신에게 진정한 조언을 해 줄

수 있는 사람이나 전문가와 충분한 대화를 나누고 자신의 모습을
제대로 성찰하는 기회를 갖는 것이 무엇보다 도움이 될 것이다.

▌ 공공장소에서 기본 예의를 지켜라

당신은 지금껏 이 부분에 대해 크게 신경 쓰지 않고 살았을 수
있다. '외모가 뭐가 그리 중요한가 그냥 편하면 되지'라고 생각했다
면 생각을 바꾸는 것이 필요하다. 복장은 상황에 맞아야 하고, 머
리는 단정히 정리되어야 한다. 사람들이 외모를 가꾸는 것은 다들
외모에 엄청난 관심이 있어서라기보다 여러 사람이 함께 살아가는
데 필요한 기본적 예의이기 때문이라는 것을 간과하지 말아야 한
다. 또한 조용히 해야 할 장소에서 큰 소리를 내거나(모 연예인이
패션쇼 장에서 무대에 선 모델이 지인이라는 이유로 이름을 크게
불러 비난을 받은 적이 있다), 장례식장에서 환하게 웃거나 대화를
나누다가 코를 후비는 행동 등 공공장소에서 해야 할 행동과 하지
말아야 할 행동에 대한 학습을 적극적으로 할 필요가 있다.

▌ 창의적이고 독립적인 일을 찾아라

당신은 창의적인 아이디어를 많이 가지고 있다. 직업 중에는 이
런 역량을 필요로 하는 곳도 있고 아닌 곳도 있다. 자신의 역량을
필요로 하고 펼칠 수 있는 곳에 있을 때 당신의 좋은 역량이 빛을

발할 수 있다. 현재의 직업이 그러한 곳인지를 신중히 생각해 보고 그렇지 않다면 새로운 일과 환경으로 도전해 보길 바란다.

▌ 상상보다 현실기반 활동을 경험하라

아무리 아이디어가 좋아도 현실로 반영하지 못한다면 그건 그저 단순한 공상이나 꿈에 그칠 수 있다. 따라서 일상적인 일, 사소한 문제라도 적극적으로 대처해 나가다 보면 단순한 아이디어에 그치지 않고 현실적으로 적용할 수 있는 상황이 벌어진다. 평소 현실 대처능력을 키우기 위해서는 혼자만의 공상이나 상상의 시간을 줄이고 살아있다는 것을 실감나게 경험할 수 있는 애완동물이나 식물 키우기, 요리나 스포츠 활동 등을 해 보는 것이 도움이 된다.

3

어떻게
면역력을
높일까?

1
자동적 사고의
발견

잠시 상상해 보자. 아침 출근길 회사건물 1층 엘리베이터 앞에서 옆 팀 직원과 마주쳤다. 그래서 당신은 그다지 친한 사이는 아니지만 예의상 밝은 표정을 지으며 인사를 건넸다. 그런데 그 직원이 나를 아무 표정 변화 없이 보더니 고개만 까딱하고 시선을 돌려버렸다. 이때 당신은 어떤 감정을 느낄 것 같은가? 당혹스러움, 민망함, 짜증, 분노 등의 감정을 느낄 수 있다.

그렇다면 이런 감정을 느끼는 사람도 있을까? 우려스러움, 불안…. 물론 가능하다. 그런데 이상하지 않은가? 분명 사건은 하나인데, 왜 사람마다 느끼는 감정은 다양할까? 사람의 감정은 사건 자체가 아니라 그 사건을 어떻게 해석하는가에 달려있기 때문이다. '표정 변화 없이 고개만 까딱하고 시선을 돌려버린' 것은 사건이고,

'당황, 민망, 짜증, 분노'는 감정이다. 여기서 사람들은 사건에서 감정이 바로 이어지는 것으로 착각한다. 하지만 실제로는 사건 → 해석 → 감정 순으로 일어난다. 즉 사건에 대해 어떤 해석을 하는지에 따라 감정은 달라질 수 있다. 하지만 이 '해석'이라는 것이 매우 빠르고 자동적으로 일어나서 자신이 그런 해석을 했기 때문에 이런 감정을 느낀다는 것을 알지 못한다. 여기서 이 '해석'이 자신도 모르게 무의식적으로 또는 자동적으로 일어난다고 해서 심리학적 용어로는 '자동적 사고'라고 말한다. 결국 현재 자신이 느낀 감정이 자동적 사고에서 비롯되었다는 것을 인식하지 못하면, 상황을 객관적으로 바라보지 못한 채 상대방 탓, 상황 탓, 자기비하로 마무리 짓게 된다.

친구가 "너희 엄마 코끼리 닮았어"라고 말한다. 그렇다면 당신은 뭐라고 답하겠는가?
"웃기시네. 너는 하마 닮았거든"; "참나. 남의 엄마한테 무슨 말을 그렇게 해?" 등등 반격하고 싶은 마음이 들 수 있다. 그런데 한 아이는 이렇게 대답했다. "응, 맞아. 특히 눈이 그래."
코끼리에 대한 당신의 자동적 사고는 무엇이었는가. 코끼리가 방금 당신이 한 자동적 사고처럼 그런 특징만 가지고 있는가.

'표정 변화 없이 고개만 까딱하고 시선을 돌려버린' 사건에서

'분노'의 감정을 느낀 사람이 있다면, 이 사람의 자동적 사고는 무엇이었을까? 아마도 '내가 만만해?'였을 것이다. 하지만 같은 사건에서 '불안'을 느꼈다면, 이때의 자동적 사고는 '내가 뭐 잘못했나?'일 것이다. 이처럼 우리가 하루에도 수없이 느끼는 감정들은 나도 몰랐던 나의 자동적 사고에서 비롯된 것이다.

자동적 사고는 개인의 기본신념에서 비롯된다. 기본신념이란 어떤 사건이나 행위와 같은 환경적 자극에 대한 기본태도를 말한다. 기본신념이 합리적이면 자동적 사고가 생산적이고 적응적이지만, 비합리적이면 경직되고 독단적이며 부적응적이다. 즉 심리적 어려움을 겪고 있는 사람들은 비합리적 신념을 가지고 있는 경우가 많다. '사람들은 다 매우 이기적이다'란 기본신념을 가진 사람은 주행 중에 자신의 차 앞으로 깜빡이를 넣고 급히 차선을 바꾸려는 차를 보며 끝까지 끼워주지 않는 행동을 많이 한다. 그는 그 차를 보면서 "나쁜 놈! 남 생각은 하나도 안 하고 본인 편한 대로만 운전하는군!"이란 자동적 사고가 들었고 매우 불쾌함을 느꼈기 때문에 양보할 생각이 전혀 들지 않았던 것이다.

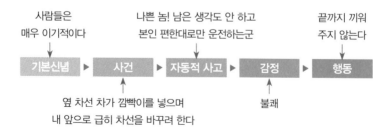

사람은 기본적으로 선하며, 되도록 타인에게 폐를 끼치기를 원치 않는다 → **기본신념**

급히 차선을 바꾸는 것을 보니, 매우 급한 일이 있나 보다 → **자동적 사고**

먼저 갈 수 있도록 차 간격을 벌린다 → **행동**

옆 차선 차가 깜빡이를 넣으며 내 앞으로 급히 차선을 바꾸려 한다 → **사건**

걱정, 이해 → **감정**

즉 자동적 사고는 사람들이 각기 갖고 있는 기본신념에 영향을 받는다. 비합리적 신념은 어린 시절 양육 환경, 성장하면서 겪는 부적절한 경험으로 야기된다. 성격장애자는 이 기본신념이 왜곡된 경우가 많은데, 그 이유는 각 성격장애 별로 이미 언급한 발생 원인과 연결되어 있다.

각 성격장애 별로 강하게 가지고 있는 왜곡된 기본신념은 무엇인지 알아보고, 그 신념으로 인해 상황별로 나타나는 자동적 사고를 점검해 보자.

1 편집성 성격장애

편집성 성격장애는 사람에 대한 의심, 불신, 경계, 원한, 과민반응, 불안, 공격성이 과잉 발달되었고, 신뢰, 객관성, 믿음, 긍정, 여유는 과소 발달되었다. 이로 인해 편집성 성격장애자는 상황과 사람에 대해 다음과 같은 강한 기본신념을 가지고 있다.

- 사람들은 악의적이고 항상 나쁜 의도를 가지고 있다
- 사람들의 말에는 숨겨진 의도, 경멸, 위협이 있다
- 사람들은 내가 주의하지 않으면 피해를 준다, 공격한다, 속이고 배신한다, 무시하고 만만히 본다, 상처와 모욕을 준다
- 사람들에게 말한 나의 정보가 그들의 이익을 위해 악의적으로 활용된다
- 기회만 된다면 애인, 배우자는 바람을 피운다

이런 기본신념으로 인해 당면한 사건들에 자동적 사고가 영향을 받는다. 자신이 편집싱 성격장애의 특성을 많이 가지고 있다고 생각한다면, 자신이 최근 겪었던 사건을 활용하여 자신의 기본신념으로 영향을 받은 자동적 사고를 점검해 보자. 그리고 보다 현명하게 상황을 풀어나가기 위해 어떻게 다르게 생각할지도 함께 고민해 보자.

사건	
감정	

자동적 사고	
기본신념	
다르게 생각해 보기	

　'사건'은 자신이 경험한 상황의 사실들을 기술하고, '감정'은 그 사건을 경험한 당시의 느꼈던 감정을 솔직히 기술한다. '자동적 사고'는 그런 감정을 들게 한 그 사건에 대한 자신의 해석(자동적 사고)을 기술한다. 즉 그 사건을 어떻게 해석했기에 그런 감정이 들었는지를 곰곰이 생각한 후 작성한다. 그다음 '기본신념'은 편집성 성격장애자가 가진 신념을 의미하며 위에 기술된 내용을 참고하면 된다. 마지막으로 '다르게 생각해 보기'는 자신이 가지고 있는 기본신념을 점검하며 자동적 사고를 반박해 보는 것이다. 예를 들어 '사건'은 '김 대리와 오 대리가 대화를 나누다가 내가 다가가자 대화를 멈췄다'이다. '감정'은 '불쾌함'이었다. 그렇다면 여기서 '자동적 사고'는 무엇이었을까? 만약 나의 자동적 사고가 '저 둘이 나의 칭찬을 하고 있군'이었다면 불쾌한 감정을 느꼈을 리 없다. 자신에 대해 안 좋은 내용을 나누고 있었을 거라는 자동적 사고가 그를 불쾌하게 했을 것이다(물론 또 다른 자동적 사고가 일어났을 수

있다). 그렇다면 이런 자동적 사고의 원인이 된 그의 '기본신념'은 '사람들은 악의적이고 항상 나쁜 의도를 가지고 있다'에 해당된다. '다르게 생각해 보기'는 ('사람들은 악의적이고 항상 나쁜 의도를 가졌다'는 자신의 신념을 점검하며) 두 대리가 악의 없고 나쁜 의도가 없다고 생각해 볼 수도 있다. 대화를 나누다가 내가 나타나니 대화를 멈춘 상황은 '자신들의 개인적인 비밀 이야기라서 남한테 노출하고 싶지 않았을 수 있다'로 자동적 사고를 달리 할 수 있는 것. 이런 생각이 큰 문제가 되지 않는다면 군이 상황을 나쁘게 해석해서 상대를 미워하고 자신 또한 마음이 힘든 이유가 없어진다.

사건	김대리와 오대리가 대화를 나누다 내가 다가가자 대화를 멈춘다.
감정	불쾌함
자동적 사고	나에 대한 안 좋은 이야기를 하고 있다.
기본신념	사람들은 악의적이고 항상 나쁜 의도를 가지고 있다
다르게 생각해 보기	옆 사람과 재미난 이야기를 나누다 지나가는 나와 우연히 눈이 마주쳤을 수 있다

저자가 제시한 것만이 정답은 아니며, 또한 사건에 따라 자동적

사고와 기본신념이 1개 이상일 수도 있다. 자신의 상황에 맞게 새롭게 만들거나 수정·보완해 보자.

② 강박성 성격장애

강박성 성격장애는 사람에 대한 고집, 완벽함, 체계화, 책임감, 엄격, 통제가 과잉 발달되었고, 여유, 유연은 과소 발달되었다. 이로 인해 강박성 성격장애자는 상황과 사람에 대해 다음과 같은 강한 기본신념을 가지고 있다.

- 일할 때는 명확한 기준, 절차가 반드시 있어야 한다
- 일할 때는 완벽하게 해야 한다, 실수를 용납할 수 없다, 실수는 곧 실패다
- 내가 일하는 방식과 프로세스가 항상 옳다
- 성공, 성취만이 나의 가치를 말해 준다
- 나 자신, 주변 환경을 모두 완벽히 통제해야 한다
- 사람은 사회적 관습, 도덕, 절약을 반드시 엄격하게 지켜야 한다

이런 기본신념으로 인해 당면한 사건들에 자동적 사고가 영향을 받는다. 자신이 강박성 성격장애의 특성을 많이 가지고 있다고 생각한다면, 자신이 최근 겪었던 사건을 활용하여 자신의 기본신념으로 영향을 받은 자동적 사고를 점검해 보자. 그리고 보다 현명

하게 상황을 풀어나가기 위해 어떻게 다르게 생각해 볼지도 함께 고민해 보자. 자세한 기술방법은 편집성 성격장애 부분을 참고하기 바란다.

사건	
감정	
자동적 사고	
기본신념	
다르게 생각해 보기	

③ 조현성 성격장애

조현성 성격장애는 자율성, 냉담, 무관심이 과잉 발달되었고, 친밀감, 호기심, 욕구, 감정은 과소 발달되었다. 이로 인해 조현성 성격장애자는 상황과 사람에 대해 다음과 같은 강한 기본신념을 가지고 있다.

• 혼자 있는 것이 낫다. 아무에게도 간섭받고 싶지 않다

- 사람들과 관계를 맺으면 문제만 생긴다. 친밀한 관계는 매우 불편하다
- 사람들과 함께하는 것은 불편하다
- 나는 사람들과 함께하기에 부적절한 사람이다
- 세상에는 재미나고 흥미로운 것이 없다

이런 기본신념으로 인해 당면한 사건들에 자동적 사고가 영향을 받는다. 자신이 조현성 성격장애의 특성을 많이 가지고 있다고 생각한다면, 자신이 최근 겪었던 사건을 활용하여 자신의 기본신념으로 영향을 받은 자동적 사고를 점검해 보자. 그리고 보다 현명하게 상황을 풀어나가기 위해 어떻게 다르게 생각할지도 함께 고민해 보자. 자세한 기술방법은 편집성 성격장애 부분을 참고하기 바란다.

사건	
감정	
자동적 사고	
기본신념	
다르게 생각해 보기	

4 회피성 성격장애

회피성 성격장애는 열등감, 불안, 수치심, 회피, 억제가 과잉 발달되었고, 사회성, 자신감, 적극성, 위험감수는 과소 발달되었다. 이로 인해 회피성 성격장애자는 상황과 사람에 대해 다음과 같은 강한 기본신념을 가지고 있다.

- 나는 매력 없고 열등한 사람이다
- 사람들은 나를 싫어한다
- 거절당하는 것보다 처음부터 시도를 안 하는 게 낫다

이런 기본신념으로 인해 당면한 사건들에 자동적 사고가 영향을 받는다. 자신이 회피성 성격장애의 특성을 많이 가지고 있다고 생각한다면, 자신이 최근 겪었던 사건을 활용하여 자신의 기본신념으로 영향을 받은 자동적 사고를 점검해 보자. 그리고 보다 현명하게 상황을 풀어나가기 위해 어떻게 다르게 생각해 볼지도 함께 고민해 보자. 자세한 기술방법은 편집성 성격장애 부분을 참고하기 바란다.

사건	
감정	

자동적 사고	
기본신념	
다르게 생각해 보기	

5 연극성 성격장애

연극성 성격장애는 감정, 표현력, 과시가 과잉 발달되었고, 자율성, 체계화, 통제는 과소 발달되었다. 이로 인해 연극성 성격장애자는 상황과 사람에 대해 다음과 같은 강한 기본신념을 가지고 있다.

- 나는 모든 사람들로부터 사랑받아야 한다. 모든 모임에서 나는 항상 주인공이어야 한다
- 사랑받기 위해서 매력적인 모습을 끊임없이 보여야 한다
- 관심을 끌기위해 성적매력, 언변, 재력 등을 보여야 한다
- 내가 원하는 것을 얻으려면 다른 사람을 즐겁게 해야 한다
- 사랑받거나 매력적이지 않으면 나는 가치가 없다
- 행복하려면 다른 사람의 관심과 애정이 절대적으로 필요하다
- 나는 혼자서 살아가기에 부적절하며, 나를 돌봐줄 사람이 필요하다

이런 기본신념으로 인해 당면한 사건들에 자동적 사고가 영향을 받는다. 자신이 연극성 성격장애의 특성을 많이 가지고 있다고 생각한다면, 자신이 최근 겪었던 사건을 활용하여 자신의 기본신념으로 영향을 받은 자동적 사고를 점검해 보자. 그리고 보다 현명하게 상황을 풀어나가기 위해 어떻게 다르게 생각해 볼지도 함께 고민해 보자. 자세한 기술방법은 편집성 성격장애 부분을 참고하기 바란다.

사건	
감정	
자동적 사고	
기본신념	
다르게 생각해 보기	

6 자기애성 성격장애

자기애성 성격장애는 자신감, 불합리한 기대감, 특권의식, 이기심, 질투, 경쟁심, 자기과장이 과잉 발달되었고, 공감능력, 겸손은 과소 발달되었다. 이로 인해 자기애성 성격장애자는 상황과 사람에 대해 다음과 같은 강한 기본신념을 가지고 있다.

- 나는 매우 특별한 사람이고, 특별대우를 받아야 한다
- 내가 인정, 칭찬받는 것은 당연하다
- 나는 특별한 사람들과 어울려야 한다. 그들만이 나를 이해할 수 있다
- 나를 비난하는 사람은 나를 질투하는 것이다

이런 기본신념으로 인해 당면한 사건들에 자동적 사고가 영향을 받는다. 자신이 자기애성 성격장애의 특성을 많이 가지고 있다고 생각한다면, 자신이 최근 겪었던 사건을 활용하여 자신의 기본신념으로 영향을 받은 자동적 사고를 점검해 보자. 그리고 보다 현명하게 상황을 풀어나가기 위해 어떻게 다르게 생각해 볼지도 함께 고민해 보자. 자세한 기술방법은 편집성 성격장애 부분을 참고하기 바란다.

사건	
감정	
자동적 사고	

기본신념	
다르게 생각해 보기	

7 반사회성 성격장애

반사회성 성격장애는 무모함, 공격성, 충동성, 착취는 과잉 발달
되었고, 책임감, 공감능력은 과소 발달되었다. 이로 인해 반사회성
성격장애자는 상황과 사람에 대해 다음과 같은 강한 기본신념을
가지고 있다.

- 나는 불법을 저질러도 잡히지 않으며 처벌받지 않는다
- 나의 즐거움, 이익을 위해서라면 타인의 입장, 법, 규칙은 중요하지
  않다
- 법, 규칙, 예의를 지키는 사람들은 겁쟁이기 때문이다
- 폭력, 협박이 내가 원하는 것을 얻는 최선의 방법이다
- 내가 공격하는 것은 다 상대방 잘못 때문이다

이런 기본신념으로 인해 당면한 사건들에 자동적 사고가 영향
을 받는다. 자신이 반사회성 성격장애의 특성을 많이 가지고 있다
고 생각한다면, 자신이 최근 겪었던 사건을 활용하여 자신의 기본

신념으로 영향을 받은 자동적 사고를 점검해 보자. 그리고 보다 현명하게 상황을 풀어나가기 위해 어떻게 다르게 생각해 볼지도 함께 고민해 보자. 자세한 기술방법은 편집성 성격장애 부분을 참고하기 바란다.

사건	
감정	
자동적 사고	
기본신념	
다르게 생각해 보기	

8 의존성 성격장애

의존성 성격장애는 불안감, 무기력함은 과잉 발달되었고, 결단력, 독립심, 자율성, 자신감, 판단력은 과소 발달되었다. 이로 인해 의존성 성격장애자는 상황과 사람에 대해 다음과 같은 강한 기본신념을 가지고 있다.

- 나는 어떤 것도 다른 사람의 판단 없이는 스스로 결정할 수 없다
- 나의 생각은 불완전하다. 나는 능력이 없다
- 살아가기 위해서는 의지할 사람이 반드시 필요하다
- 상대의 기분을 상하게 하면 나를 버릴 것이다

이런 기본신념으로 인해 당면한 사건들에 자동적 사고가 영향을 받는다. 자신이 의존성 성격장애의 특성을 많이 가지고 있다고 생각한다면, 자신이 최근 겪었던 사건을 활용하여 자신의 기본신념으로 영향을 받은 자동적 사고를 점검해 보자. 그리고 보다 현명하게 상황을 풀어나가기 위해 어떻게 다르게 생각해 볼지도 함께 고민해 보자. 자세한 기술방법은 편집성 성격장애 부분을 참고하기 바란다.

사건	
감정	
자동적 사고	
기본신념	
다르게 생각해 보기	

9 경계성 성격장애

경계성 성격장애는 감정기복, 극단적사고, 예민함, 분노, 불안, 충동성, 공허함은 과잉 발달되었고, 안정, 통제, 조절은 과소 발달되었다. 이로 인해 경계성 성격장애자는 상황과 사람에 대해 다음과 같은 강한 기본신념을 가지고 있다.

- 나는 환영받지 못하는 존재다
- 사람은 내편 아니면 적이다
- 나는 힘없고 상처받기 쉬운 존재다
- 사랑하는 사람이 나를 떠나면 나의 모든 것이 끝난다

이런 기본신념으로 인해 당면한 사건들에 자동적 사고가 영향을 받는다. 자신이 경계성 성격장애의 특성을 많이 가지고 있다고 생각한다면, 자신이 최근 겪었던 사건을 활용하여 자신의 기본신념으로 영향을 받은 자동적 사고를 점검해 보자. 그리고 보다 현명하게 상황을 풀어나가기 위해 어떻게 다르게 생각해 볼지도 함께 고민해보자. 자세한 기술방법은 편집성 성격장애 부분을 참고하기 바란다.

사건	
감정	

자동적 사고	
기본신념	
다르게 생각해 보기	

🔟 조현형 성격장애

조현형 성격장애는 직감, 자율성, 창의성은 과잉 발달되었고, 신뢰, 현실감, 공감력, 체계는 과소 발달되었다. 이로 인해 조현형 성격장애자는 상황과 사람에 대해 다음과 같은 강한 기본신념을 가지고 있다.

- 사람들은 나를 좋아하지 않는다
- 다른 사람들이 무슨 생각을 하는지 나는 다 안다
- 나에게는 남들에게는 없는 특별한 능력(투시력, 텔레파시, 미래예측 등)이 있다
- 사람들과 관계를 맺는 것은 매우 위험하다

이런 기본신념으로 인해 당면한 사건들에 자동적 사고가 영향을 받는다. 자신이 조현형 성격장애의 특성을 많이 가지고 있다고

생각한다면, 자신이 최근 겪었던 사건을 활용하여 자신의 기본신념으로 영향을 받은 자동적 사고를 점검해 보자. 자세한 방법은 편집성 성격장애 부분을 참고하기 바란다.

사건	
감정	
자동적 사고	
기본신념	
다르게 생각해 보기	

2
글쓰기를 통한
치유

글쓰기의 효과 ¶

글쓰기 치료는 프로이트의 자유연상 기법에서 그 뿌리를 찾을 수 있다. 자유연상 기법이란 정신분석적 상담기법 중 하나로 지그문트 프로이트에 의해 창시되었다. 내담자(상담을 받는 사람)가 마음속에 떠오르는 생각, 감정, 기억들을 아무런 수정도 가하지 않고 이야기하도록 한다. 그 내용이 기괴하고, 바보 같고, 논리적으로 맞지 않는다 하더라도 검열하지 않고 표현하게 한다. 이를 통해 억압한 무의식에 숨겨진 진실, 즉 자신도 몰랐던 욕구, 갈등, 동기를 찾을 수 있다. 글쓰기는 말이 아닌 글로 자신의 감정을 억압하지 않고 표현하면서 무의식적 욕구, 갈등, 동기를 찾는 데 그 의미가 있다.

글쓰기는 상대가 없이 혼자서 하는 것이므로 '이런 말을 하면 상대가 속으로 욕하지는 않을지, 지금 내가 하는 말이 논리적으로 맞는지, 상대가 나의 이야기에 관심이 있는지, 내 이야기를 들어줄 시간이 있는지, 나의 개인적 이야기에 대한 비밀을 지켜 줄 수 있을지' 등에 대해 걱정할 필요가 없다. 즉 하고자 하는 이야기 이외에 그 무엇에도 신경을 쓰지 않아도 된다. 따라서 글을 쓰는 것은 가장 솔직하고 자기답게 대화하는 것이다. 다른 잡다한 것을 고려하지 않고 그냥 내 머릿속 생각을 쏟아내는 것이다. 아주 솔직해질 수 있는 순간이다.

이런 글쓰기는 암환자들에게도 심리적 안정감을 주어 치료를 계속할 수 있도록 도움을 주고, 외상 후 스트레스로 힘들어하는 119 구급대원들에게도 트라우마를 극복하는 데 효과가 있었다. 또한 가정폭력 피해와 성폭력 피해자로 외상 후 스트레스 장애 진단을 받은 참가자들에게 글쓰기 치료를 실시해 증상이 호전되는 결과도 나왔다. 이런 글쓰기는 관계의 상처를 지닌 성격장애자들에게도 자신을 돌아보고 성찰하고 또 자신을 위로할 시간이 될 수 있다. 글쓰기의 효과를 정리하면 다음과 같다.

첫째, 글쓰기는 모호하고 복잡한 상황 또는 막연하고 불안한 감정의 실체를 드러나게 하는 데 효과가 있다. 또한 그를 통해 성찰하고 성장하는 기회를 준다. 즉 글쓰기의 방법은 다양하다. 어떤 글을 쓰는지에 따라 다르겠지만, 글쓰기는 일상적으로 그리고 무의식적으로 일어나는 자신의 삶을 '거리두기, 관찰하기, 명료화하기, 직면하기, 성찰하기, 수용하기'를 가능하게 해 준다. 예를 들어 누군가의 말로 인해 엄청 화가 나서 얼굴이 붉으락푸르락 해지고 분해서 밤에 잠도 잘 오지 않는 일이 있었다고 가정해 보자. 그 불쾌한 감정은 느끼지만 솔직히 왜 그렇게 화가 났는지는 찬찬히 생각해 보지 않은 채 지나가는 경우가 많다. 그런데 글쓰기는 이런 생각을 찬찬히 해 볼 수 있게 한다. 화가 나는 그 당시는 몰랐는데 글로 적다 보면 그 사건과 내가 분리되어 거리 두기가 되고 자신의 행동을 입체적이고 객관적으로 관찰하기가 가능해진다. 또는 그 사건의 핵심이 명료해지기도 하고, 자신의 잘못에 직면하기도 한다. 다음부터는 조금 더 다른 행동을 취해 보자는 성찰과 함께 자신의 부족함을 수용하는 경험을 가질 수 있다.

둘째, 행복하고 감사했던 사건을 잊지 않게 해 준다. 우리는 힘들고 아팠던 기억들을 잊을 수 있기에 고통에서 회복하고 다시 살아갈 수 있다. 이 사건들을 통해 교훈을 얻되 사건 자체는 잊어버리는 것이 정신건강에 도움이 된다. 그러나 시간이 지나면 우리는 안 좋았던 기억만 잊어버리는 것이 아니라 좋았던 기억들도 함께 잊어버린다. 열심히 노력해서 힘들게 이뤄냈던 많은 성공과 기쁨의 순간들, 소중한 사람들과 나누었던 행복한 시간들, 누군가에 받았던 배려와 감사의 순간들도 모두 잊어버린다. 하지만 그런 성공의 기록들은 내가 힘들 때 큰 용기를 준다. 다행히 글로 기록하면 오래도록 간직할 수 있다.

셋째, 추후 지나간 나의 글을 읽어보면 글을 쓰는 그 당시는 몰랐던 나의 사고의 패턴을 찾는 데 도움을 준다. 즉 나의 기본신념을 찾기에 아주 용이하다. 하루하루의 글은 큰 흐름이 안 보일 수 있다. 하지만 몇 주, 몇 달의 글은 나의 패턴을 극명하게 보여주는 아주 좋은 자료가 된다. 자료가 쌓이면 나에게 빈번하게 일어나는 일, 내가 빈번히 느끼는 감정의 패턴이 보이기 시작한다.

글쓰기의 방법 ¶

다행히 글쓰기를 하는 데는 제약 조건이 별로 없다. 그냥 종이와 연필만 있으면 된다. 대신 종이는 그냥 낱낱의 종이들이 아닌 다이어리 형태로 되어있는 것이 좋다. 분실될 염려가 적고 보관하기도 쉽기 때문이다. 또한 되도록 컴퓨터에 타이핑하는 형태가 아닌 직접 손 글씨로 쓸 것을 권하고 싶다. 자신이 쓴 글이 순간 마음에 들지 않는다고 하여 백스페이스로 순식간에 지워버리거나 파일을 날려버리고 후회하는 일을 방지할 수 있다. 또한 나중에 자신이 적은 내용을 다시 보기에도 종이로 되어 있는 형태가 훨씬 낫다.

글을 쓰는 장소와 시간에 대한 제약은 없지만 되도록 최대한 편안하고 방해받지 않는 시간이면 된다. 그리고 하루를 마감하는 시간인 저녁에 작성하는 것이 습관을 만들기에 좋다. 글은 잘 쓰려고 하면 부담이 될 수 있고 몇 번 쓰다가 포기할 수 있다. 따라서 그냥 편하게 쓰면 된다. 일관된 문장을 만들고 모든 것을 설명하려고 하지 않아도 된다. 가장 중요한 것은 글쓰기를 통해 치유하고 성장하려면 글쓰기를 일상처럼 꾸준히 빼먹지 않고 하는 것임을 명심하면 된다.

글쓰기를 할 때 콘셉트가 있는 것도 좋다. 예를 들어 하루를 돌아보고 좋았던 점을 기록하는 '긍정 글쓰기', 하루를 돌아보고 배우고 느낀 점을 기록하는 '성찰 글쓰기', 목표를 세우고 그것을 이뤄나가는 '성장 글쓰기', 오늘 하루 동안 감사한 것을 기록하는 '감사 글쓰기' 등이다. 물론 다 섞어서 써도 상관은 없다. 단, 이 글쓰기의 공통점은 긍정과 성장에 집중한다는 것이다. 이를 통해 삶을 대하는 태도가 달라지고 삶이 지금까지 내가 생각했던 것만큼 그리 나쁘지만은 않다는 것을 깨닫게 될 것이다. 또한 글의 내용 중에 그 성공이 무엇 때문에 가능했고, 누구에게 감사한지 다양한 대상을 떠올리며 작성해 보면 더 큰 도움이 된다. '성장 글쓰기'의 경우, 성공한 또는 성공해 나가고 있는 모습을 글로 구체화함으로써 자신에게 지속적인 동기부여가 된다. 그리고 조금씩 성장해가는 자신을 다독이는 글도 좋다. '감사 글쓰기'의 경우, 구체적으로 감사한 대상과 무엇이 감사한지를 적는 것이 필요하다.

대신 부정적 감정만을 쏟아내고 자신과 누군가를 비난하는 '데

스노트Death Note'를 만드는 것은 좋지 않다. 만약 어떤 일로 인하여 몹시 불쾌하고 힘들었던 날 자신의 심정을 글로 옮길 수는 있지만 이 글의 용도는 불쾌한 감정을 최대한 객관적으로 보기 위함이거나, 잊기 위함이어야 한다. 경우에 따라 작성해서 태워버려도 도움이 된다.

전체적인 글은 균형감 있게 작성하는 것이 좋다. 이성과 감성을 두루 사용하는 것이다. 어떤 경우는 감정만 쏟아내는 사람도 있고, 어떤 사람은 기사나 조서 꾸미듯 사실만 기록하고 있을 수 있다. 글을 쓰는 이유는 기록의 의미도 있지만 글을 쓰는 그 자체임을 잊지 말아야 한다. 그러기 위해서는 글을 쓰면서 사건을 구체적으로 묘사하고 그에 대한 자신의 생각, 자신의 현재 심정, 상대방의 입장을 입체적으로 작성해 보길 권한다.

그리고 마지막으로 글쓰기가 자신의 동굴로 들어가는 수단이 되어서는 안 된다는 점을 반드시 기억해야 한다. 어디까지나 성찰을 통해 건강한 자신과 현명한 대인관계를 위한 활동이지, 현실과 멀어지고 자신만의 세계로 들어가는 통로가 되어서는 안 된다.

3
성숙한 방어

지그문트 프로이드Sigmund Freud(1856-1939)는 자아가 위협받는 상황에서 무의식적으로 자신을 속이거나 상황을 다르게 해석하여, 감정적 상처로부터 자신을 보호하는 심리 의식이나 행위를 가리켜 방어기제Defense Mechanism라고 말했다. 오스트리아 출신의 제2세대 정신분석학의 대표 빌헬름 라이히Wilhelm Reich(1897-1957)는 해결되지 못한 유아동기의 트라우마나 정신적 갈등은 오랜 흔적을 남겨서 습관화되고 만성화된 자아방어를 형성한다고 보았다. 즉 방어기제는 한 사람이 자신에게 심리적 갈등을 일으키는 문제와 맞닥뜨렸을 때 그 위험으로부터 자신을 보호하기 위해 익숙하게 사용하는 방법이다. 감정을 스스로 보호하기 위해 일어나는 반응이기 때문에 심리 면역체계라 볼 수 있다. 잘 작동하면 불필요한 죄책감, 수치심, 자존감 위협으로부터 자신을 보호할 수 있지만, 과잉 작동하게 되면 건강 세포를 망가뜨려 신경증, 성격장애로 갈 수 있다. 즉 성격장애가 있는 사람들은 이 방어기제가 건강하게 작동하지 않는 것을 말하며, 바꿔 말해 성격장애를 치료하는 것은 방어기제를 건강하게 사용하는 것을 의미한다. 프로이드의 막내딸 안나 프로이드(1895-1982)가 방어기제의 종류를 10가지로 정리한 후 많은 심리학자들에 의해 그 종류가 추가되어 현재 40~50여 가지가 된다. 일반인들이 이 많은 방어기제를 구분하고 숙지할 필요성이 그다지 크지 않다. 하지만 대표적 방어기제를 이해하고 있다면 자신이 무의식적으로 사용하는 방어기제를 인식할 수 있고 건강하게 작동할 수 있다. 이 책에서는 대표적 방어기제 9가지만 알아보도록 하자.

• **부정**Denial 부정은 고통스럽거나 받아들이기 힘든 일을 현실로 인정하지 않는 것을 말한다. K기관에 교수로 근무하는 손○○(남, 54세) 교수는 자신의 주장이 매우 강하기로 유명하다. 각자의 가치관, 정치관, 종교관에 따라 달리 생각할 수 있는 부분에 대해서도 항상 자신만의 생각이 옳다고 주장한다. 이런 모습이 강의 때도 마찬가지라서 이를 불편하게 생각하는 학습자가 수업시간에 자신의 의견을 강하게 드러내면 학습자와 싸우기도 한다. 또한 학습자

들 중에는 논쟁까지는 가지 않더라도 강의 종료 후 설문지에다 교수의 이런 모습에 대해 불만을 표출하기도 한다. 이런 일들을 여러 차례 경험하다 보면 자신의 생각과 표현에 부적절한 부분이 있을 수 있다고 생각해 볼 법도 한데, 손 교수의 반응은 매번 "학습자들이 수준이 안 되니, 내 말을 이해를 못해!"라는 식이다.

한 아이의 부모가 되고 나면 차라리 자신이 뭔가 잘못되는 것이 낫지, 아이에게 문제가 생기는 것만큼 힘든 일은 없다. 지능검사를 했을 때 일정 점수 이하가 되면 지적장애로 분류되고 특수학교를 다니게 된다. 하지만 지능지수가 정상 범위 안에 들긴 하지만 경계선을 갓 넘긴 5%는 학습장애일 가능성이 매우 높다. 쉽게 설명하면 일반 학교의 전교 석차 하위 5%는 노력을 안 해서라기보다 학습장애일 가능성이 높다는 말이다(물론 정말 공부를 안 해서일 수도 있다. 여기서 말하는 것은 별 문세 없이 학교를 다니고 공부도 하는데 성적이 좋지 않은 상황을 말한다). 학습장애는 사회생활을 무리 없이 해내며, 머리를 많이 써야 하는 직업이 아니면 무난하게 잘 해낸다. 다만 학교 다닐 때 학업성적이 낮다는 것인데, 초등학교만 가도 이런 아이들은 선생님들에게 포착이 되어서 담임선생님이 학부모 상담을 할 때 부모님께 조심스럽게 말씀을 전한다. 하지만 이때 대부분의 부모는 이 상황을 부정한다. "아니에요, 선생님. 우리 아이가 좀 늦긴 하지만 그 정도는 아니에요"라고 말하는 식이다. 그리고는 집에 돌아가서 아이를 밤늦게까지 재우지 않고 붙들고 앉아 공부를 시킨다. 사실 공부가 사회생활의 성공이나 행복의 순이 아니라는 것은 부모들도 잘 안다. 그리고 실제 공부 좀 못해도 살아가는 데 별 문제도 없다. 다만 부모가 아이의 학습지능 문제를 인정하기 힘들어 자기도 모르게 아이를 들들 볶는다면 문제다. 그러면 아이는 초등학교 6년, 중학교 3년, 고등학교 3년 무려 12년 동안 내내 실패의 경험만 하면서 엄청난 스트레스와 함께 자존감 낮은 아이가 된다. 공부 못해도 살아가는 데 문제가 없지만, 자존감이 낮으면 문제가 커진다. 성격상 문제를 가지기 때문이다. 각자마다 받아들이기 힘든 현실이 있다. 그러면 그것이 힘들어 우리는 부정하며 외면하게 된다.

• **전치**|Displacement 전치는 자기보다 강한 대상에게 품었던 불쾌한 감정을 덜 위협적인 다른 대상에게 돌리는 것을 말한다. 직장에서 열 받은 아버지가 퇴근하고 집에 와서 아내와 부부싸움을 하고, 남편 때문에 열 받은 아내는 아이들에게 짜증을 낸다. "숙제는 다 했어? 매일 하는 거를 엄마가 말하기 전에 알아서 좀 하면 안 되니?"라고 소리를 지른다. 엄마가 괜히 자신에게 소리를 지르는 것이 억울하긴 하지만 아빠, 엄마의 분위기가 심상치 않은 것을 알고 자기 방으로 들어간다. 그리고 옆에서 시끄럽게 떠드는 동생의 머리를 한 대 쥐어박는다. 즉 자신보다 약한 대상에게 자신의 분노를

표출하는 이것이 바로 전치이다. 하늘에서 비가 오면 땅으로 떨어지고 그 빗물은 더러운 오물이 된다. 그 오물은 다시 하수구 수챗구멍으로 빠지게 되는데, 그 이유는 하수구 수챗구멍 쪽이 다른 곳보다 약간 낮기 때문이다. 마음에도 화, 짜증, 분노가 차오르면 감정의 오물을 내보낼 곳이 필요하고 그곳은 내 마음에서 낮은 곳이 된다. 전치의 대상을 가족으로 쓰는 사람은 세상에서 가장 사랑해 줘도 부족할 가족을 자신의 감정 수챗구멍으로 쓰고 있는 것이다. 물론 전치의 대상이 가족만 되는 것은 아니다. 가족에게 받은 스트레스를 회사에 출근해 팀원들을 다그치는 것으로 해소하는 사람도 있다. 집도 아니고 직장도 아니면 자신의 감정을 막 분출해도 뒤탈이 덜한 대상에게 향하게 된다. 하지만 화를 내는 당사자는 괜히 엉뚱한 사람에게 화풀이를 한다고 전혀 생각하지 않는다. 상대방이 잘못을 했고 자신은 그에 적절한 행동을 한 것뿐이라 말한다. 그렇다면 아파트 경비원들이 주민들에게 맞을 만큼 잘못한 일은 무엇일까? 백화점 점원이 고객에게 무릎을 꿇을 만큼 잘못한 일은 무엇일까? 텔레마케터가 몇 시간 동안 전화로 욕을 들어야 할 만큼 잘못한 일은 무엇일까? 전치가 이 모든 것들을 설명해 준다.

• **투사**Projection 투사는 용납하기 힘든 충동, 욕구를 다른 사람에게 돌려 다른 사람이 그런 욕구를 가진 것으로 생각하는 것을 말

한다. 결혼을 한 A씨가 모임에 갔다가 우연히 매우 매력적인 이성을 만났다고 가정해 보자. 자신에게 관심을 보이는 그 사람을 보면서 속으로 '아 너무 멋지다. 난 결혼을 왜 일찍 해가지고…'라고 생각을 하다가, '어머 내가 왜 이러지'라며 정신을 차리고 집에 돌아왔다. 그런데 저녁에 A 씨의 배우자가 이런 말을 한다.

배우자	"여보, 이번 주 주말에 모임에 있어서 나가봐야 할 것 같아."
A씨	(배우자를 의심스럽게 쳐다보며) "그래? 근데 무슨 모임이 주말에 있어? 당신 요즘 수상해. 거기 뭐 맘에 드는 사람이라도 있나 봐?"

A씨가 배우자를 의심하며 한 그 말은 실제 누구의 마음일까? 자신의 마음이다. 자신의 마음이 그러면서 상대방 마음이 그렇다고 생각하는 것, 이것이 투사다.

'훌륭한 팔로우가 되지 못하면 훌륭한 리더가 될 수 없다'라는 말이 있다. 만약 내가 팀원일 때 매번 요령만 피우고 출장 간다는 핑계로 개인적 용무나 보다가 어찌어찌 시간이 지나 팀장이 되었다고 가정해 보자. 팀장이 된 당신은 팀원들이 눈에 안 보일 때마다 얼마나 의심스럽겠는가? 사람들은 딱 자신의 생각만큼 보기 마련이다. 편집성 성격장애자들에게 나타나는 대표적 방어기제가 투사다.

• **합리화**Rationalization 수용할 수 없는 상황이나 결과에 대해 그 럴듯한 이유를 붙여 그것을 정당화하는 것을 말한다. 다이어트하 겠다고 다짐을 했지만 회식자리 메뉴로 나온 고기가 너무 먹고 싶 을 때 속으로 '보쌈은 괜찮아, 살코기와 야채니까'라고 생각한다. 다음은 사람들이 많이 하는 합리화이다.

"하고 싶지만 시간이 없어"

자신이 운동, 자기계발 등을 안 하고 있는 이유가 게을러서가 아니라 바쁘기 때문에 못하는 것이라 생각한다. 그래야 6개월이나 끊어놓고 몇 번 안간 피트니스 센터 회원권에 대한 죄책감을 덜 수 있기 때문이다.

"난 학벌, 인맥이 없어 안 돼"

현재 자신이 승진을 못한 이유는 업무성과가 안 나고 능력이 부족해서가 아니라 단지 조직 내 정치에서 밀렸다고 생각하는 것 이 자존심이 덜 상하기 때문이다. "죽어라 일하면 뭐하냐, 다 줄이 야"라고 말하는 식이다.

"이 나이에 뭘 할 수 있겠어"

이런 말을 10년 동안 하는 사람들이 있다. 쉰 살이 되면서부터 자신은 뭔가 새롭게 하기에는 너무 늦었다고 생각하고 은퇴까지 지금까지 익혔던 것만을 가지고 버티는 식이다.

"세상은 착한 놈만 손해 봐"

이런 생각으로 자신의 비도덕적이고 비윤리적인 행동을 합리화한다. 회사에 있는 A4용지 집에 챙겨가면서 "월급도 적은데 이거라도 챙겨야지"라는 식이다.

이외에도 '내 주변에 이상한 사람 너무 많아', '가만히 있으면 중간이나 가지' 등이 있다. 결국 결과를 바꿀 수 없거나 바꾸고 싶지 않을 때 자신의 태도(생각)를 바꿈으로써 그것을 못하는 또는 안하는 것에 대한 불편한 마음을 해소한다.

• **신체화**Somatization 신체화는 심리적인 갈등이 신체 증상을 통해 표현되는 것을 말한다. 마음이 불편한데 신체가 불편해지는 증상으로 나타나는 것이다. 시험 기간이 되면 몸이 아픈 아이들이 있다. 방에서 조용하길래 방문을 열어보니 누워서 자고 있다. "내일 시험인데 공부 안 하고 뭐해?"라고 하면 아이는 배가 아프다고 한다. 엄마는 아이가 공부하기 싫어서 꾀병을 부린다고 생각하지만 신체화일 가능성이 높다. 부모는 아이가 시험에 대해 왜 이리 과도한 부담을 가지는지를 살펴볼 필요가 있다. 명절증후군은 명절 때 주로 며느리들이 겪는 심리적인 증상을 말한다. 설과 추석 보통 1~2주 전부터 두통, 어지러움, 위장장애, 소화불량, 피로, 우울, 호

홉곤란 등의 다양한 증상을 보인다. 직장인들 중에는 주말 동안 잘 쉬다가도 다음날 출근해야 하는 일요일이 되면 갑자기 소화가 안 되거나 가슴이 답답하거나 두통을 호소하는 사람들이 있다. 직장 생활이 많이 힘들다고 내 몸이 보내는 신호다.

• **행동화**Acting Out 충동을 억제할 때 생기는 불안에서 벗어나기 위해 억제하지 않고 바로 행동으로 표현하는 것을 말한다. 화가 나면 말과 행동이 거칠어진다. 사무실에서 통화 중 매우 불쾌했을 때 수화기를 '탁' 소리 내며 내려놓는다. 컴퓨터 자판을 두드리는 소리가 격렬해지거나 서류를 책상에 던지듯 내려놓기도 한다. 화가 난 상태로 운전을 할 때 누군가가 갑자기 끼어들면 욕을 하거나 자동차 클랙슨을 빵빵 울리는 등 다소 기친 행동이 나타나기도 한다. 이런 행동들은 격렬히 끌어 오르는 감정을 조금 가라앉혀 주기도 한다. 하지만 행동화는 사용하면 할수록 점점 더 강한 강도를 요한다는 점에서 매우 유의해야 한다. 처음에는 휴지, 인형, 쿠션에다가 화풀이를 해도 화가 가라앉았는데, 이 행동을 계속하다 보면 이것으로는 해소되지 않는다. 그러면 부서지는 것, 깨지는 것을 손에 들게 된다. 그리고 마지막은 사람을 향하게 된다. 부부싸움 중에 폭력을 쓰는 부부들이 있다. 상담사가 폭력을 쓰는 당사자에게 "폭력은 절대 사용하셔서는 안 됩니다. 바로 멈추셔야 합니다. 오늘

은 여기까지였지만 다음번 싸움에는 더 큰 상처를 입고 일은 더 커질 겁니다"라고 말하면, "저도 알고 있습니다. 반성도 하고, 다시는 폭력을 안 쓰겠다고 다짐합니다. 근데 화가 나면 욱해서 조절이 안 됩니다"라고 말한다. 이 말에 대해 어떻게 생각하는가? 자, 그럼 다른 상황을 설명할 테니 답해 보자. 오늘 회사에서 엄청 화가 나는 일이 있었고, 그 일이 여전히 찜찜한 채로 퇴근을 하는 길이다. 집으로 향하며 내내 그 생각에 빠져 있다가 골목 맞은편에서 오는 사람과 약간 몸이 부딪혔다. 가뜩이나 기분이 언짢았던 당신은 그 자리에 멈춰 서서 그를 쳐다보았다. 그랬더니 그도 당신을 쳐다본다. 그런데 그 사람의 키가 190cm 이상은 되어 보이고 몸도 엄청 단단해 보인다. 목에는 옷으로 가려지지 않는 문신 자국이 보이고, 눈빛은 매우 화가 난 것 같다. 해는 져서 컴컴한데 그 골목길에 그와 당신밖에 없다. 자, 이 상황에서 욱하는 감정이 조절이 안 되는가? 만약 이 상황에서 조절이 안 된다면 당신은 분노조절장애이며, 전문의의 상담과 약물치료가 필요할지도 모른다. 그런데 집에서는 화가 나면 조절이 안 되는 사람이 이 골목길 상황에서는 "아, 아닙니다"라고 말하며 가던 길을 가는 매우 조절된 모습을 보인다면, 이 상황을 어떻게 설명할 수 있을까. 조절이 안 되는 것이 아니라 집에서는 조절할 필요가 없다고 생각했을 뿐이다. 얼마나 못난 짓인가. 행동화는 전치와 세트로 온다. 밖에 힘 있는 사람들한테는 꼼짝도 못하면서, 세상에서 가장 아껴줘도 부족할 내 가족을 자신보다 힘이 약하다는 이유로 폭력을 쓰는 것이다. 하지만 가정폭력을 쓰는 사람들 대부분은 이 말을 인정하지 않는다. 인정함과 동시에 죄책감을 함께 감당해야 하기 때문이다. 행동화를 고치는 방법은 자신이 조절할 수 있는데 안 하고 있다는 것을 인정하는 것에서부터 시작된다.

• **퇴행**Regression 현재 맞닥뜨린 불안과 갈등에서 벗어나기 위해 과거의 발달단계 수준으로 되돌아가는 것을 말한다. 둘째(동생)가 태어나면 첫째가 어린애 짓을 하는 것이 대표적 퇴행 행동이다. 이 아이는 왜 이런 행동을 하는 것일까? 부모의 사랑에 대한 불안 때문에 그렇다. 자기만 사랑해 주었던 부모가 나 아닌 다른 사람에게 사랑을 보내는 것을 보면서 그 사랑을 뺏길까 두려워하는 것이다. 즉 나도 사랑해 달라고 보내는 사인이다.

어른들도 퇴행한다. 그리고 그 퇴행하는 시기는 사람마다 다양할 수 있다. 영아기로 가거나, 유아동기로 가거나, 청소년기로 가는 것이다. 그리고 퇴행의 모습은 그 시기 아이들이 보이는 행동과 닮아 있다. 영아기의 경우 대표적 행동 특성은 '잔다, 운다, 먹는다'이다. 성인 중에 갈등 상황이나 스트레스 상황에 과수면 하는 사람들이 있다. 주말 동안 아무것도 못 하고 계속 잠만 자는 사람이다. 기혼이면 배우자도 있고 아이도 있어 원해도 하지 못하는 경우가 많아서 과수면은 미혼의 경우가 많다. 자도 자도 졸린 경우가 퇴행의 모습일 수 있다. 다음은 '운다'이다. 보통 여성분들이 많이 하는 행동인데, 친분이 높은 관계 앞에서 많이 보인다. 뭔가 서운한 이야기를 꺼내려고 하면 눈물부터 나오는 경우이다. 상대방이 "아니, 울 일도 아닌데 왜 울어?"라고 당황해한다. 사실 울고 있는 당사자도 그렇게 울 일이 아닌 것을 안다. 그런데 이상하게 눈물이 멈춰지질 않는다. 마지막으로 '먹는다'이다. 기억은 못하지만 우리가 일생 동안 가장 안정감과 행복감을 주는 기억은 엄마 품에 안겨 젖 빨던 기억이다. 그래서 불안하고 마음이 힘들어지면 빨고 싶은 욕구가 생긴다. '담배가 땡긴다'란 표현을 쓴다. 평소에는 안 피우던 담배가 스트레스를 받으면 확 땡기는 경우가 있다. 니코틴 부족이라기보다는 빨고 싶은 욕구 때문이다.

많은 방어기제 중에서 퇴행하는 사람들에게는 공통된 경험이 있다고 한다. 또래 아이들에 비해 빨리 철이 드는 아이들이 있다. 아직 나이가 한참 어린데, 하는 행동이 마치 어른 같다. 그냥 대견하다 넘기겠지만, 그 아이가 왜 그리 빨리 철들었을까를 들여다보면 짠한 구석이 보인다. 아이들이 빨리 철든 경우에는 부모의 무의식적 말들에 영향을 받아서인 경우가 많다. 예를 들어 "난 너 때문에 산다. 너 아니었으면 너희 아빠랑 벌써 이혼했어", "○○이가 엄마가 못 이룬 꿈 꼭 이뤄줘야 해", "넌 장남(여)이잖아"라는 말들이다. 그냥 이 아이는 아이일 뿐이다. 그리고 이 말을 하는 부모 또한 큰 의도가 있어서라고 보기도 힘들다. 그런데 아이 입장에서는 자신이 사랑하는 사람이 자신에게 거는 기대가 그냥 가벼이 들리지 않는 것이다. 이런 말을 자꾸 내재화한 아이는 마음이 쑥 커버린다. 그리고 어릴 때 이미 마음이 쑥 커버린 이 아이는, 나중에 어른이 되어 마음이 힘들면 퇴행한다.

• **허세**Show Off 실제의 자신보다 더 우월한 자아상을 겉으로 표현하는 것을 말한다. 아무것도 없으면서, 실제로 하지도 않을 거면서 큰소리치는 사람들이 있다. "나 이번에는 정말 못 참아. 이대로 못 넘어가. 아무도 나 말리지 마"라고 말한다. 그런데 주변에 아무도 안 말려도 가서 액션을 취하지 않는다. 그냥 해 본 소리다. 잘 모르는 것에 대해 다 아는 척을 하거나, 잘 모르는 사람을 잘 아는 척하는 것도 허세의 대표적 사례이다.

• **수동공격**Passive Aggressive 간접적이고 수동적으로 저항 행동을 하면서 공격적 감정을 처리하는 것을 말한다. 공격을 하는데 간접적이고 수동적으로 하는 것이다. 상대방이 재미난 이야기를 해도 웃지 않는 것, 상대가 말을 해도 대꾸를 안 하는 것, 지시받은 일을 늦게 하는 것, 주변 사람들에게 뒷담화를 하는 것, 지각을 계속하

는 것 등이 수동공격의 예이다. 상대에게 직접적으로 반격했다가는 타격이 너무 크기 때문에 하지 못하지만 간접적으로 불편한 감정이 표출되는 것이다.

지금까지 살펴본 방어기제는 심리적 갈등 상황에서 상처를 덜 받기 위해 사람들이 무의식적으로 사용하는 것이다. 문제는 순간의 심리적 상처는 덜어주겠지만 문제를 직시하지 못하고 또 그로 인해 여전히 문제는 남아있거나 악화되는 상황이 벌어진다는 것이다. 자신이 하는 미성숙한 방어를 인식하고 개선해 나갈 때 자신이 가진 성격적 문제를 고칠 수 있다.

에필로그

주변에 성격장애자가 있어 고민이라면

이 책을 다 읽고 나니 당신을 괴롭혔던 그 사람이 이제 제대로 보이는가. 저자의 경우는 성격장애를 이해(학습)하고 난 다음부터 여기에 해당하는 사람을 만나면 처음에 비록 불쾌함과 당혹스러운 감정이 들었다 하더라도 이내 안쓰러움으로 바뀐다. 해당 성격장애의 발병 원인이 떠올라서이기도 하고, 이 상황에서 저런 행동을 하는 것을 보면 다른 상황에서도 저와 같이 행동할 텐데…. 저 사람 참 살아가는 것이 쉽지 않겠다는 생각 때문이다. 성격장애자 중에 간혹 이렇게 말하는 사람들이 있다. "친구들이나 전 직장 사람들과 별 문제가 없었어요. 여기 있는 사람들이 이상해서 그래요"라고. 그런데 사람의 관계하는 패턴은 크게 상황이나 상대에 따라 달라지지 않는다. 다만 친구들과 전 직장 사람들은 불쾌함과 당혹스러움을 느꼈어도 티를 내지 않았거나, 아니면 지금 직장에서 와 같은 문제가 아직 일어나지 않았을 뿐이다. 문제 상황이 벌어졌을 때 지금 보이는 이 사람의 행동패턴은 대상이 바뀌어도 크게 달라지지 않는다. 그러니 성격장애를 가진 사람을 만나 혹시나 속 끓이고 있다면 꼭 당신이어서가 아니라 당신이 그 사람 옆에 있다 보니 영향을 받는 것이다. 스스로를 자책하며 그 사람 때문에 당신의 에너지를 낭비하지 않았으면 한다. 각 성격장애 별로 대처하는 방법을 꼼꼼히 숙지해서 활용한다면 분명 도움이 될 것이다.

만약 당신이 성격장애를 가졌다면

성격장애의 원인을 보면 유전적인 부분과 어린 시절의 양육 환경이 그 원인인 경우가 대부분이다. 현재 대인관계에 문제를 겪고 있는 사람이라면 각 성격장애들의 원인을 살펴보면서 부모가 원망스럽고 주변 환경이 억울하게 느껴질 수 있다. 맞다. 그럴 수 있다. 하지만 이제 와서 어떡하겠는가? 그런데 사실 우리의 부모도 그 당시 너무 어렸고, 아이에게 이렇게 큰 상처가 될지 몰랐을 수도 있다. 그리고 그조차도 그들 부모의 영향으로 인해 본인도 문제가 많았을 수 있다. 결국 누구의 잘못이라고 말할 수 없다. 그러나 다행히 지금이라도 당신은 당신의 문제를 바로 알게 되었고 선택을 할 수 있는 기로에 서 있다. 성격을 바꾸는 것은 쉽지 않다. 오랫동안 익숙했던 습관을 새로운 습관으로 바꾸어야 하기 때문이다. 오른손잡이가 왼손잡이가 되기 위해서도 엄청난 노력이 필요한데 하물며 성격을 바꾸는 일은 만만치 않을 것이다. 많은 연습이 필요할 것이고 그러는 동안 많은 시행착오들도 있을 것이다. 하지만 충분히 시도해 볼 만한 가치가 분명히 있다. 당신의 삶에 많은 변화를 가져다 줄 것이 틀림없기 때문이다. 조급하게 생각하지 말자. 조금씩 좋아지면 된다. 하인리히 법칙이란 것이 있다. 1:29:300의 법칙이라고도 한다. 1번의 큰 재해는 29번의 작은 재해 후에 발생하고, 29번의 작은 재해는 300번의 사소한 사고에 의해 발생한다는 것이다. 이 법칙을 뒤집어 보면 1번의 위대한 성공은 29번의 성공 경험에서 오고, 29번의 성공 경험은 300번의 작은 실천에서 나온다고 볼 수 있다. 처음부터 좋은 사람으로 갑자기 대변신하는 게 아니라 매일 할 수 있는 작은 실천을 고민하고 꾸준히 실행해 옮기면서 조금씩 변하는 것이다.

오늘도 이상한 사람 때문에
힘들었습니다

초판 1쇄 2020년 9월 10일
초판 2쇄 2021년 7월 15일

지은이 정희정
발행인 김산환
책임편집 윤소영
디자인 기조숙
펴낸 곳 꿈의지도
인쇄 다라니
출력 태산아이
종이 월드페이퍼

주소 경기도 파주시 경의로 1100, 604호
전화 070-7535-9416
팩스 031-947-1530
홈페이지 www.dreammap.co.kr
출판등록 2009년 10월 12일 제82호

ISBN 979-11-89469-94-8-13180